# 外语教学与语言应用研究

刘雨晴 常 枫 蒲 雯 著

广东旅游出版社
GUANGDONG TRAVEL & TOURISM PRESS
悦读书·悦旅行·悦享人生
中国·广州

**图书在版编目（ＣＩＰ）数据**

外语教学与语言应用研究 / 刘雨晴，常枫，蒲雯著.

广州 ：广东旅游出版社，2024. 11. -- ISBN 978-7 -5570-3459-7

Ⅰ．H09

中国国家版本馆CIP数据核字第20243F0X14号

出 版 人：刘志松

责任编辑：魏智宏　黎　娜

封面设计：周书意

责任校对：李瑞苑

责任技编：冼志良

**外语教学与语言应用研究**

WAIYU JIAOXUE YU YUYAN YINGYONG YANJIU

**广东旅游出版社出版发行**

（广东省广州市荔湾区沙面北街 71 号首、二层）

邮编：510130

电话：020–87347732（总编室）　020–87348887（销售热线）

投稿邮箱：2026542779@qq.com

印刷：廊坊市海涛印刷有限公司

地址：廊坊市安次区码头镇金官屯村

开本：710 毫米 × 1000 毫米　16 开

字数：195 千字

印张：11.5

版次：2024 年 11 月第 1 版

印次：2025 年 1 月第 1 次

定价：68.00 元

# 前　　言

　　外语教学与语言应用之间存在着密不可分的关系。外语教学的最终目标之一就是使学习者能够有效地在现实生活中运用目标语言进行沟通。应用语言学作为一门学科，正是研究如何将语言学理论应用于实际的语言教学和使用中，因此它在促进外语教学与语言应用的有效结合方面扮演着核心角色。

　　外语教学与语言应用之间的关系体现在理论与实践的互动中，应用语言学作为纽带，使得语言学理论能够服务于教学实践；反过来，教学实践也为语言学理论提供了丰富的实证研究素材。这种互动关系促进了外语教学的科学发展，提高了语言学习的效率和效果。

　　外语教学与语言应用研究的重要性在于它能够促进个人成长、社会和谐、经济发展和国际交流。它不仅关乎学习者的语言技能，还关乎全球公民的身份构建和全球社会的可持续发展。外语教学与语言应用研究是一个动态发展的领域，需要教育者、学者和政策制定者之间的紧密合作。通过不断地研究和实践，我们可以更好地理解语言的本质，语言成为促进个人成长、社会融合和全球交流的强大工具，优化外语教学的方法，提高语言应用的效果，从而在多变的世界中找到共同的语言和文化桥梁。

　　本书围绕外语教学与语言应用展开深入探究，从语言教学的基础理论入手，详细介绍了语言本质、语言学习、教学语言艺术等，着重对第二语言习得的内外部影响因素，外语学习本质、对象、策略、方法，大学英语教学设计和管理、语言学理论与大学英语的词汇、语法、听力、口语、阅读和写作教学进行系统探究，在此基础上，还进一步对法语教学展开详细论述。本书力求将应用语言学抽象的理论与具体的外语学习及教学实践结合起来，尽力做到内容丰富、通俗易懂，对语言教学的管理和研究具有参考和借鉴意义。

　　作者在写作本书的过程中，借鉴了许多前辈的研究成果，在此表示衷心的感谢。由于外语教学与语言应用需要探究的层面比较深，作者对一些相关问题的研究不够透彻，加之撰写时间仓促，书中难免存在一定的不妥和疏漏之处，恳请前辈、同行以及广大读者斧正。

# 目录

# 第一章　语言教学基础

## 第一节　语言本质理论

### 一、语言学与外语教学

语言学与外语教学有着密不可分的关系，因为二者都与语言有关：语言学以语言为研究对象，而外语教学则以语言为教学内容。从二者之间的关系来看，语言学的研究为外语教学的原则、方法和途径提供理论依据，外语教学的实践则为语言学理论的检验提供场所，并为语言学理论的发展提供素材。语言学是一门研究人类语言的学科，它不仅有复杂的内部分支（微观语言学），而且与众多其他学科发生纵横交错的联系（宏观语言学），使得语言学成了一门多方位、多侧面、多层次的立体性学科。它通过研究语言的内部结构（语音、语义、词法、句法）、语言的社会功能（语用学、社会语言学）、语言的运用（应用语言学）、语言的发生以及语言的历史发展（人类语言学、心理语言学）等方面，来揭示语言的本质及其存在和发展的规律。外语教学法有三大来源：一是语言描写理论，二是语言学习理论，三是语言使用理论。与其相关的学科是：普通语言学、心理学、心理语言学、社会语言学和教育语言学等。由此可以看出，语言学在外语教学上的应用是宽泛复杂的。应用语言学有广义和狭义之分，广义的应用语言学指的是把语言学的知识应用于解决其他科学领域的各种问题；狭义的应用语言学具有其特定的内涵，指语言教学，特别是第二语言（以下简称"二语"）的教学或外语教学。因此，我们探讨的问题是属于狭义上的应用语言学范畴。但问题的关键在于，我们不仅要应用语言学的理论，还应从语言理论和语言描述中获得启发，后者的作用往往大于前者。这种反思和应用能力也是教师应具备的重要素质。反思前提的两个部分是：专业知识和经验知识。因此，对于从事外语教学的教师来说，了解和掌握有关语言学的知识和有关语言学习的知识，将专业知识和经验知识有机结合是检验和提升教学方法科学性和实效性最为有效的途径。

## 二、语言的本质

要研究语言学首先得弄清楚"语言"的本质定义。因为外语教学原则的制定、教学方法的运用以及教学手段的选择都离不开对语言本质的认识。各类词典、辞海及中外语言学专家、学者给语言下了许多不同的定义，从语言的功能、结构、性质、心理现象等不同角度对语言的本质进行了描述，如：语言是人类的一种重要的交际工具；语言是一种表达思想的符号体系；语言是一种能力，是人脑中一种特有的机制；语言是一种社会现象（梅耶）；等等。语言是人区别于其他动物的本质特征之一。共同的语言又常是民族的特征。就语言本身的机制来说，它是社会约定俗成的音义结合的符号系统。"语言是一种特殊的社会现象，它随着社会的产生而产生，发展而发展。语言没有阶级性，一视同仁地为社会各个成员服务。但社会各阶级、阶层或社会群体会影响到语言，从而造成语言在使用上的不同特点或差异。"此释义虽长，却仍然未能全部涵括"语言"的所有本质特征，因为语言还具有创造性、位移性、任意性、双重性、遗传性等特征。

## 三、从语言的本质看外语教学

### （一）对"语法教学"的质疑：使用语言还是研究语言

语言是社会约定俗成的音义结合的符号系统。其形式和意义相互依存：形式反映意义，意义通过形式（声音或文字）得以体现。二者的关系构成了语言系统，其内部结构为：语义—语法—语音，其中语义系统是核心，语法系统是约定俗成的结构规则，反映语言中客观存在的规律。语义通过语法系统以语音的形式得以体现，实现语义表达的目的。

人类各语言之间虽存在共性，但不同的语言都有其约定俗成的不同的规则体系。外语学习者要习得目的语就必须学习和掌握一定的语法规则，有意识地重构语言系统的规则，否则不可能形成表达复杂经验的语言能力。完全忽略语法的纯听说教学是不可取的。

然而，任何语言都是先有言语，而后才有语法。语法是对语言现象发生过程中约定俗成的规律变化进行的一种归纳，其目的不是"指导"，而是"适应"，为了帮助人们在交际语境中更好地表达语义。语法本身也是一个不断变化的过程，它不可能为语言的所有结构提供规则和解释。因此引导学生在语言交际中理性地发现、认识、理解语言现象的变化规律，而不是把语法作为静态规则进行传授，应是我们"语法教学"的出发点。

语法教学应以"实用"为主，"够用"为度，帮助学生理解掌握在自己将要从事的职业领域进行外语交流时所需要涉及的语法知识。什么是"实用"？多少为"够用"？其基本原则在于一个"用"字，要"有用"。笔者认为，对绝大多数中国学生而言，掌握一般实际生活交流中听、说、读、写、译所需的基本语法知识就已足够。而这些语法知识早就全部涵括在初、高中阶段的英语教材中。由于不少教材和统考的误导，现行的英语教学中仍特别注重语言的"符号系统"的特征，虽然在大学阶段我们采用语法翻译法代替单纯的语法讲解，但不少大学教师在课堂上仍然习惯于把重点放在讲授词汇、语法、句法结构等有关英语的语言知识上。生动的语言材料常常被肢解为一些枯燥乏味的语法要领，学生把重点放在单独的语法规律和对具体句子意思的理解上，以达到考试及格的目的，而完全可以不理会文章或句子的思想文化内涵及其交际功能。运用语法翻译法的目的是帮助学生阅读和欣赏外国语言文学，我们在运用这种方法的同时，关键是教学生如何从"欣赏"的角度来阅读和思考，汲取文章或句子中的思想文化养分，培养他们的阅读欣赏能力和思维判断能力；而不仅仅是以理解句子为终极目的。

除了语法翻译法，功能意念法、交际法和情境法的出现也使得单纯教授句型和语法显得过时，但如何使语言规则系统的重构过程趋向自然的内化，如何使学生摆脱对枯燥乏味的语法要领的反感，而兴趣盎然地从充满自然活力的语言的美丽中领略语言规则的奇妙之处，仍然是我们每一个外语教师在教学实践中值得探讨的课题。

**（二）对"课文教学"的质疑：注重语言的内部结构还是语言的社会功能**

语言是一个创造性系统，并且具有双重性。乔姆斯基认为"人类可以用有限的手段生成无限的句子"。语言的创造性功能使人们可利用有限的语言规则，以少数最基本的常用词汇，通过语调、语素、结构等的变化，生成无限的表达意义，人们可以利用语素（自由语素和附加语素）的组合规则生成许多新的意义单位；可以通过构建规则和方法，利用有限的常用词生成大量新的词汇；更可以利用句法规则，在言语交际中说出和听懂以前从没有人说过或听到过的句子。语言的"双重性"就体现在它规律、稳定的语言结构体系和不同交际语境中可变的表意功能上。

至少可以讲，一直到听说法（以句型操练为主），教学的重点都在语言形式上，是社会语言学出现之后，人们才越来越重视语言的功能、语言的意义和交际性。在实际的交往中，语境、人际关系、讨论内容、所用的代码等，对正确理解话语意义都有影响。在教材中，"课文"是最重要的语言、文化信息载体，然而我们不少教师在课文教学中往往只注重语言的内部结构，而忽略了语言的社会功能，常把精力过分集中在词汇教学和分析句子结构、篇章结构上，而忽略"语用学"方面的分析，如：分析特定情境中的特定话语；分析如何通过语境消解歧义；判别同音异义现象、一词多义现象；完整理解话语用意、分析语言的间接性以及礼貌语言；等等。其实"学点语用学对语言学习有很大的帮助"。

整体把握课文教学是启迪心智、开拓思维、发展语言能力的有效手段。课文教学中的 comprehension（理解）是培养学生归纳演绎能力及语言创造能力的重点，通常可以通过设问来引导学生用最简洁精练的短语或短句对课文主旨和段落大意进行归纳，并围绕课文内容进行讨论。这样既帮助学生更深刻地把握课文的思想文化内涵，又可以带领学生一起领略妙趣横生的"语用学"，引导其发展运用英语进行表达的能力以及对语言进行"简略缩合"的归纳演绎能力。

语言的能产性极大，它是对社会各时代生活的最直接、快速、真实的反映。在外语教学中，应使学生认识到语言的创造性和灵活多变性。教师应该关注当代语言的发展变化，并具有敏锐感知力，应在遵循、尊重教学大纲和教材的同时，经常向学生介绍贴近当代社会生活和反映科技发展变化的语言新知识，引导学生接触活的语言，让学生学到一些"一出校门就能用"的新语料，以弥补外语教学中"教材变化跟不上时代变化"的不足。许多英语教师的语言知识仅限于教材，为"教"而教，平时很少看英文期刊杂志，也很少收听收看英文广播电视报道，因此自己都不具备准确流畅地用英语评述时事的能力。这是一个很大的欠缺。关注时事新闻，关注社会语言的发展变化，学习语用学理论，不断更新自己的语言知识，提高自己的跨文化交际的能力，这是外语教师必要和重要的素质修养。

### （三）"课堂教学"：用英语翻译还是用英语思维

语言是人类的交际工具。语言同思维有密切的联系，是人类在交际活动中思维过程的直接表达方式。语言的目的就是交际，传递信息、交流思想、表达情感。人们在交际中使用语言，并在交际中掌握语言。而对一种语言的真正掌握是直接用这种语言思考并说出来，而不是依赖翻译和转述。

现行高校英语的"课堂教学"常常表现为语言的讲授与语言的应用脱节。教师在课堂上仍习惯用汉语解释和翻译语言材料，而不是带领学生融入课文语境，共同用英语来思维和交流。而学生受语法规则的限制，更是以翻译代替思维，始终怯于开口"说"英语。

甚至上"听力课"时也是如此，大脑中进行翻译的速度肯定赶不上直接用英语思维理解的速度快，这也是造成许多学生听说能力上不去的重要原因。当然，学习心理类型的不同也是与之相关的重要因素，篇幅所限，在此不做讨论。

要帮助学生养成在英语交流的环境中用英语思维的习惯，提高学生的语用能力，英语教师是关键。英语教师对英语必须要有较强的语言驾驭能力，成为学生效仿的榜样。教师应以自己丰富渊博的知识、娴熟的语言能力、漂亮的语音语调来吸引和诱导学生对所学语言产生浓厚的兴趣，多采用强调交际的内容型教学法、任务型教学法和参与法，激发其参与讨论、交流和探索的欲望，并在这种讨论、交流和探索中潜移默化地将语言知识转化为语言能力。尽管教师不断鼓励学生用英语思维并积极地说或写，但我们在学生面前却往往扮演着"判官"或"警察"的角色，对学生说的和写的外语处处进行"纠错"，甚至横加指责。结果，对于用外语表达思想有几分胆怯的学生，因怕被指责而越发不敢开口和动笔。可见，强调纠错其实是外语教学中的一个误区，这很容易造成学生的交际焦虑和负评价焦虑，而这两种焦虑对语言能力的培养具有极大的负面影响。

其实学习外语与习得母语的过程一样，应以学会表达意思为目的，可以允许初学者用不完整的语句表达出交际的意图，鼓励学生运用有限的外语能力来让交际对象领会自己表达的意思。英语学习存在着初、中、高三个阶段。从用英语思维的角度看，这三个阶段对应着英语语法、语境、思维模式和文化取向这四个因素。这种对应关系呈现一定的包孕关系，既相互独立，又相互联系。认识到这一思维对应规律有助于我们把握英语教学的过程及侧重点。在教学实践中，教师还可以采用语义场内词汇联想活动，提高语言思维能力，促进语言表达。

语言教学是教语言本身，即培养学生的语言能力，而不仅仅是教有关语言的知识，所以课堂上应尽可能保证学生进行语言交际的时间和机会，提倡用英语思维，鼓励交互式学习、讨论式学习，尽可能减少焦虑等情感因素给学生带来的负面影响，并将这种学习形式的空间尽可能地拓展到课外。

### (四)"读写教学"：重语言知识还是重文化技能

语言是人类文化最基本的信息载体。人类思维的方式、过程、结果都依赖于语言的表达，人类社会的文明、文化必须由语言来传承。每一种语言都承载着一种文化，有着一种厚重的文化背景。人们通过语言学习文化，依赖语言进行思维和交流。在教学中，"读"是信息输入的重要方式之一，"写"是信息交流的重要手段之一，二者均为语言基本技能。在初、高中阶段，外语教学的重点在语言基础知识和技能上，"读、写"训练大多围绕一般题材进行。大学阶段如果仍然延续简单的语言基本知识、技能训练，学生不但提不起兴趣，而且会认为这是对其智力水平的侮辱。因此大学阅读教学的重点应转移到语言材料的内容上，应有更丰富的社会内涵，有足以引起学生深思的文化内容，使其能开阔视野，开拓思维，开发智力。

高校非专业英语的写作训练也应根据培养目标的要求进行，重点放在应用文的写作上，因为在非专业的外语教学阶段，我们只能完成十分有限的教学目标，以帮助学生打下实用的英语写作基础。但在训练的过程中，"以写促学"的方法也是值得我们尝试的，还有"写长法"鼓励学生多写、多练习，宣告多写多得分。发挥个人潜能，开阔思路，鼓励学生写正确的语句，多写对句多得分。学生消除了学习出错要扣分的心理障碍，运用外语的积极性就大大加强了。

既然文化之于外语教学如此重要，外语教师应熟悉英语的文化背景及许多相关知识，善于采集和补充与教学内容有关的信息资料，如最新科技信息及国内外时事新闻，注意其趣味性、新颖性、知识性、教育性，适时地运用于教学之中，帮助学生在接触和运用这门语言的同时接受人类精神文明的教育和熏陶，在教育交流活动中感受这种语言的活力和魅力。英语教育用英语来学习文化，认识世界，培养心智，而不仅是英语教学。其实，英语的教育性就潜藏在语言材料和生动的教学过程之中。我们应该在注重学习语言基础知识和培养学生基本技能的同时，大力培养学生的文化素养，发展他们的思维品质。

语言是人脑中一种特有的机制。科学家研究表明，人的语言功能具有遗传性特征，即人类具有与生俱来的语言能力，称为"语言习得机制"。在适当的条件下，任何一个正常人都具有学会任何一种语言的本能。了解语言的这一基本特征可以帮助外语教学者树立起对学生的信心，帮助每一个语言学习者树立起对自己的信心。然而，更重要的是，对语言这一本质特征的认识使我们不得不进行认真的思考和探索：怎样才能更好地开发或挖掘外语学习者的语言潜能，成功地调动他们内在的积极因素，使更多的人能进行成功的外语学习？然而，我们也的确看到，并非所有人都能学好外语。能学好外语的人似乎具备一种特殊的素质，即对语言的感知力和适应性较强，这种能力倾向被称为语言学能。语言学能"指语言学习的天赋能力，不包括智力、学习动机、兴趣等"。为测评这种特殊的素质，研究者先后设计了最具影响的"现代语言学能考试"和"语言学能考试"，他们虽不认为学能是天赋的能力，但他们认为学能表现为一组相对稳定的特征，语言学能的个体差异是存在的。

语言习得的效率，不完全是科学理性可以研究并解决的问题，它必须要有人文的非逻辑力量的关照。之所以要有这种关照，在于语言的社会性、发展性、交际性与文化性本质，外语教学的基本理念或行为选择也必须依赖于人们对这种本质的理解。

# 第二节　语言学习理论

语言学习理论是理解人类如何获取、使用和处理语言的基石，它涵盖了从儿童时期的第一语言习得到成人阶段的二语学习，以及介于两者之间的多种语言接触情景。

## 一、语言学习的主要流派

### （一）行为主义理论

行为主义理论，由 B.F. 斯金纳（B.F.Skinner）等心理学家提出，认为语言学习是通过刺激—反应机制实现的，即个体通过模仿和重复听到的语言，再经由正面或负面的反馈（强化或惩罚），逐渐形成语言习惯。这一理论强调外部环境的作用，忽略了内在认知过程。尽管行为主义在解释复杂的语言现象上存在局限，但它启发了早期的语言教学方法，如直接法和听说法，侧重于语言形式的机械练习和重复。

### （二）认知主义理论

认知主义理论，代表人物如诺姆·乔姆斯基（Noam Chomsky），主张语言学习是认知结构发展的内在过程。乔姆斯基提出了"普遍语法"理论，认为所有人类语言共享一套基本的语法原则，这些原则内置于人类大脑中，称为"语言习得装置"。这一理论强调学习者的主动性和创造性，对语言教学的启示是应注重培养学习者的语言分析能力和抽象思维，而非仅仅依靠记忆和模仿。

### （三）社会文化理论

社会文化理论，由苏联心理学家维果茨基提出，强调社会交互和文化环境在语言学习中的作用。维果茨基的概念"最近发展区"指出，学习者在成人或其他更有经验的同伴的帮助下，能够完成超出其独立能力的任务，这为语言教学提供了合作学习和支架式教学的理论基础。

## （四）输入假说与互动假说

斯蒂芬·克拉申的输入假说认为，语言学习者只有接触到高于其当前水平的"可理解输入"（i+1），才能有效习得语言。而迈克尔·朗的互动假说进一步指出，通过与母语者或更熟练的语言使用者的互动，学习者可以获得调整后的输入，从而促进语言习得。这些理论强调了语言环境和真实交流在语言学习中的重要性。

## （五）动机与情感因素

近年来，语言学习理论开始更多地关注学习者的动机、态度和情感状态。有研究者提出了动机系统模型，认为语言学习成功与否与学习者的内在动机（如兴趣、目标设定）和外在动机（如社会认同、实用目的）密切相关。此外，焦虑、自信和自我效能感也被证实对语言学习有显著影响。

语言学习理论的演变反映了对语言本质和学习过程认识的深化，从早期的行为主义到现代的认知和社会文化视角，再到对学习者个体差异的细致考量，每一种理论都为语言教学提供了独特的视角和实践指导。综合应用这些理论，结合现代技术手段，可以设计出更为高效和个性化的语言学习计划，以适应全球化时代的语言学习需求。

语言学习理论的研究仍在不断发展，未来可能会有更多跨学科的理论涌现，进一步揭示语言学习的奥秘，为促进人类语言能力的发展做出贡献。

## 二、语言学习的影响因素

语言学习是一个复杂而多维的过程，受到多种因素的影响。这些因素相互作用，共同塑造了学习者的语言能力和语言使用方式。

## （一）生理因素

生理因素是语言学习的基础，它们直接关系到学习者的语言习得潜力和能力。

1. 发音系统

发音系统是语言学习的重要物质基础。一个健全的发音系统包括肺、气管、喉头、声带、口腔、鼻腔等器官，它们共同协作，产生清晰、准确的声音。发音系统健全与否直接影响到学习者的语音能力，包括发音的准确性、流畅性和自然度。

2. 大脑神经系统

大脑神经系统在语言学习中起着至关重要的作用。它负责接收、处理、存储和输出语言信息，是语言学习的中枢。大脑神经系统的发育状况直接影响到学习者的语言习得速度和质量。例如，神经系统的可塑性在儿童期较高，这使得儿童能够更快速地习得语言；而随着年龄的增长，神经系统的可塑性逐渐降低，成人学习语言的难度也相应增加。

3. 感知觉系统

感知觉系统是语言学习的辅助工具。它包括视觉、听觉、触觉等多种感官，为学习者提供丰富的语言输入。例如，听觉系统能够捕捉声音的细微差别，帮助学习者区分不同的语音和语调；视觉系统则能够通过观察口型、唇形等辅助发音和理解；感知觉系统的完善程度直接影响到学习者对语言信息的感知和处理能力。

**（二）心理因素**

心理因素在语言学习中同样重要，它们影响着学习者的学习态度、动机和效果。

1. 动机

动机是推动学习者进行语言学习的内在动力。根据动机的来源，可以分为内部动机和外部动机。内部动机源于学习者对语言学习本身的兴趣和热爱，如希望了解外国文化、与外国人交流等；外部动机则来自外部环境的压力和奖励，如考试、就业、晋升等。强烈的动机能够激发学习者的学习热情，提高学习效果。

2. 焦虑

焦虑是影响语言学习的一种常见心理障碍。学习者在语言学习过程中可能会因为担心发音不准确、语法错误、交流困难等问题而产生焦虑情绪。适度的焦虑可以激发学习者的学习动力，但过度的焦虑则会导致学习效果下降。因此，教师需要关注学习者的心理状态，采取适当的教学方法和策略，帮助他们克服焦虑情绪。

3. 自信心

自信心是学习者对自己语言能力的信心和信念。自信心强的学习者更敢于尝试新的语言表达方式，更能够在交流中保持积极的心态；相反，自信心不足的学习者则可能因为害怕犯错而避免使用语言，从而影响语言学习的效果。因此，教师需要在教学过程中给予学习者充分的肯定和鼓励，帮助他们建立自信心。

## （三）社会因素

社会因素是影响语言学习的重要外部环境，它们为学习者提供了语言学习的机会和资源。

1. 家庭环境

家庭环境是学习者最早接触的语言环境之一。家庭成员的语言习惯、交流方式、文化背景等都会对学习者的语言学习产生影响。例如，家庭成员之间的语言交流频繁、内容丰富，有助于学习者积累语言素材和提高语言表达能力；而家庭成员之间的语言交流匮乏、内容单调，则可能导致学习者的语言发展迟缓。

2. 学校教育

学校教育是语言学习的重要途径之一。学校为学习者提供了系统的语言课程、专业的教师和丰富的学习资源。学校教育注重语言知识的系统性和科学性，通过课堂教学、课外活动等多种方式促进学习者的语言学习。同时，学校教育还注重培养学习者的语言运用能力，如听、说、读、写等技能。

3. 社会文化

社会文化是影响语言学习的宏观因素之一。不同的社会文化背景下，语言的使用方式和习惯有所不同。学习者需要了解并适应目标语言的社会文化环境，才能更好地掌握和使用该语言。例如，在跨文化交际中，学习者需要了解不同文化背景下的语言礼仪、交际习惯等，以避免因文化差异而产生误解和冲突。

### (四) 教育因素

教育因素是影响语言学习的重要因素之一，它们直接关系到学习者的学习效果和语言能力。

1. 教学方法

教学方法是影响语言学习效果的关键因素之一。不同的教学方法适用于不同的学习者和学习情境。例如，交际语言教学法注重培养学习者的语言交际能力；任务型语言教学法则通过完成具体任务来促进学习者的语言学习。教师需要根据学习者的实际情况和学习目标选择合适的教学方法，以提高教学效果。

2. 学习资源

学习资源是语言学习的重要支撑，包括教材、教辅资料、多媒体资源等。丰富的学习资源能够为学习者提供更多的语言输入和输出机会，促进他们的语言学习。因此，教师需要充分利用各种学习资源，为学习者创造有利的学习环境。

3. 评估与反馈

评估与反馈是语言学习过程中的重要环节。它们能够帮助学习者了解自己的语言水平和存在的问题，从而有针对性地改进学习方法和策略。同时，评估与反馈还能够激励学习者保持积极的学习态度和提高学习效果。因此，教师需要建立科学的评估体系，及时给予学习者有效的反馈和指导。

### (五) 个体差异

个体差异是影响语言学习的另一个重要因素。不同的学习者在语言能力、学习风格、认知方式、情感特征等方面存在差异，这些差异会直接影响他们的语言学习过程和效果。

1. 语言能力差异

学习者在语言能力上存在差异，包括语言天赋、先前语言知识背景等。一些学习者可能天生具有较强的语言感知和模仿能力，能够更快地掌握新的语言知识和技能；而另一些学习者则可能需要更多的时间和努力才能达到相同的水平。此外，学习者的先前语言知识背景也会影响他们的语言学习。例如，具有相似语言背景的学习者可能在学习新语言时能够更快地识别和应用语言规则。

2.学习风格差异

学习风格是指个体在学习过程中所偏好的方式和方法。不同的学习者具有不同的学习风格，如视觉型、听觉型、动觉型等。视觉型学习者可能更善于通过图表、图片等视觉材料来学习；听觉型学习者则可能更喜欢通过听录音、讲座等方式来学习；动觉型学习者则更喜欢通过实践活动、动手操作等方式来学习。了解并尊重学习者的学习风格，有助于教师采用更加个性化的教学方法，提高教学效果。

3.认知方式差异

认知方式是指个体在处理信息时所采用的心理过程和策略。不同的学习者在认知方式上存在差异，如场独立型与场依存型、分析型与整体型等。场独立型学习者倾向于依靠自己内部的参照系统来理解和处理信息，而场依存型学习者则更容易受到外部环境和他人意见的影响。分析型学习者喜欢将复杂的问题分解为简单的部分进行处理，而整体型学习者则更喜欢从整体的角度来把握问题。这些认知方式的差异会影响学习者的语言学习策略和学习效果，因此教师需要在教学过程中关注并引导学习者采用适合自己的认知方式。

4.情感特征差异

学习者的情感特征也是影响语言学习的重要因素之一。不同的学习者在情感特征上存在差异，如内向与外向、乐观与悲观等。内向的学习者可能更善于独立思考和自我反思，但可能在口语表达和交流方面存在困难；外向的学习者则可能更善于与他人互动和合作，但在自我反思和深入思考方面可能相对较弱。乐观的学习者通常对学习充满信心和热情，能够积极面对学习中的挑战和困难；而悲观的学习者则可能对学习持消极态度，容易放弃或产生挫败感。了解并关注学习者的情感特征，有助于教师提供更加贴心和个性化的教学支持，激发他们的学习动力和积极性。

综上所述，语言学习是一个复杂而多维的过程，受到多种因素的影响。生理因素为语言学习提供了物质基础；心理因素影响着学习者的学习态度、动机和效果；社会因素为学习者提供了语言学习的机会和资源；教育因素直接关系到学习者的学习效果和语言能力；而个体差异则使得每个学习者都具有独特的学习特点和需求。因此，在语言教学过程中，教师需要全面考虑这些因素的影响，采用灵活多样的教学方法和策略，为学习者创造有利的学习环境，促进他们的语言学习和发展。同时，教师还需要关注学习者的个体差异，尊重他们的学习风格和情感特征，提供个性化的教学支持，以最大限度地发挥他们的学习潜力和能力。

# 第三节　教学语言艺术

语言是人们思维过程的外壳，是人们交流思想、表情达意的工具。在课堂教学过程中，人们无论是进行思想政治教育工作，还是给学生传授科学文化知识，以发展学生的智力，大都是借助人民教师的语言来实现的。教师的语言是一项重要修养和基本功，在教育教学活动中，教师语言明白、简练、口语化和生动、形象、有趣以及有节奏等，能吸引学生的学习注意力，激发学生的学习兴趣，从而顺利地传授知识，有效地发展学生智力，活跃学生的思维，出色地完成教学任务。

## 一、教师的语言要明白

说话明白是对教师语言的最起码要求。说话明白，就是教师讲课时，要恰如其分地遣词造句，准确地讲清所要表达的各种概念、道理和原理、公式与定理。说话明白，比如你赞成什么，反对什么，做到毫不含糊，旗帜鲜明地表达，让听的学生能不费劲地听懂教师讲的内容或意思。说话明白，教师必须对所讲的内容或教材钻深吃透，对教学对象的情况了如指掌。那种备课不熟，满嘴语病，语言表达既不连贯又不准确，就是说话不明白的具体表现。再如，有些抓不住事物内部的本质联系，前言不搭后语的讲课方式，仍然属于课堂教学说话不明白的具体表现。

说话要简练，是对教师语言的具体要求。在教学过程中，教学语言尽量达到"少而精"，要做到说话不厌其烦，恰到好处，不滥用语言，不堆砌华丽的词语，这样才算语言简练。教师在平时的教学工作岗位上，面对教学对象，如果说话不简练，或拖泥带水，纠缠不清；或者对教学的内容夸夸其谈，华而不实，天南地北，东拉西扯，这势必极大地影响课堂有限时间的充分利用，甚至影响教学任务的完成。尽管教师主观上也想抓住重点难点，解疑释惑，启发学生，诱导学生，但是由于教师控制不住自己要表达的语言，经常会在讲课过程中出现诸多问题，即毫无选择地旁征博引，毫无目的地大肆发挥等。这种情况是教师讲得天花乱坠，而学生犹如堕入五里雾中。部分有丰富教学经验的教师，特别注重提炼教学的语言。他们紧扣课文重点，弄清课文的难点，面对教学对象进行讲解，能做到言简意赅，有的放矢。

语言要口语化，是教师把书面语言转为口头语言。教师的教案写好之后，必须把自己写在教案上的书面语言得心应手地变成自己的口头语言。教师面对学生讲课时，离不开自己写的教案，一字不漏地照本宣科，学生听起来费解，感到机械呆板，枯燥乏味。一般来说，典型的书面语言只是比较容易形成学生的视觉形象，而教师讲课主要是靠学生的听觉器官起作用。因而，教师在讲课过程中必须把书面语言转化为口语，才能适应学生听课的特点，把学生容易产生视觉形象的书面语言的功能，转化为容易唤起学生听觉形象的口头语言功能。

## 二、课堂教学语言要生动、形象和有趣

不同的教师面对同一个课题，由于教学语言的不同，教学的效果也会一样。其中就有个教学语言艺术的问题。我们教育对象都是生动活泼的青少年，教师的语言，必须要根据他们的年龄特点，从他们的心理特点出发，不仅要善于进行有哲理性的说理，而且要做到表情丰富。

同时，教师的语言要以语言的情趣来吸引自己教学的对象，使他们听课注意力高度集中，以唤起学生的求知欲和学习的热情。这就要求我们教师不但要提高自身的文化素养，更要有渊博的知识，还要善于把自己的知识用生动、形象而更有趣味的语言传授给学生。

这就要求教师适当吸收各时期的新观念、新思想和新知识，善于把教学过程中抽象、生硬的概念具体化，高深奥妙的道理形象化，枯燥乏味的知识趣味化，尽量满足学生的需求，并加强学生对各门知识的理解和记忆。

语言的生动、形象，正如毛泽东同志的文章与演讲，以独特的语言风采

和高超的艺术见长，值得我们学习。当今，有些人主张教师在课堂上讲课，要"抓住"学生，使他们乐而不倦，或有点喜剧成分，有幽默，有笑声。我认为这话不无道理。在教学活动中，讲究语言的生动形象、有趣味，但这并不意味着把语言搞得花里胡哨。有些人把讲课演成一出"闹剧"，使学生在课堂上捧腹大笑。

由此，教师切不可单纯地追求在课堂上传授知识的趣味性。必须要密切结合学生的实际情况，结合教学的需要，言之有物，言之有理，言之有据，把握分寸，恰到好处。用生动形象的语言，吸引学生的注意力，从而激发学生的学习兴趣，达到完整地传授知识，完成教学任务的目的。

### 三、讲课的语言要有节奏

教师的语言艺术很重要。讲课声音和语调的高低，节奏的快慢，直接影响着学生的思维活动。在课堂教学活动中，教师的"讲"和学生的"听"，二者必须协调、"合拍"，既形成教学语言的最佳节奏，又要使学生处于最佳的思维状态。教师在讲课时的教学语言速度太快，学生的思维跟不上节拍，他们没有琢磨和消化的时间，就容易出现吃"夹生饭"的情况；学生也许听课感到吃力，并容易产生一种消极的情绪，甚至出现掉队的情形。但是，教师的教学语言速度太慢，那么，讲述的知识跟不上学生的需求，学生的思维活动不能展开，就必然影响学生智力的充分发展。

事实证明，教师讲课的声音太高，语言的刺激太强，会使学生很快由兴奋的状态，转入抑制的状态。这样既会影响学生注意力的保持，也会降低学生听课的效果，教师也会很快变得声嘶力竭。但是，教师讲课的声音太低，有气无力，声淡音微，非常容易使学生感到疲劳。

教师讲课的语言节奏，必须根据教学的内容和课堂上学生的情绪而巧妙地控制和调节，使教学的语言快慢得当，高低音适宜。教师要运用语言声调的高和低、快和慢、轻和重、缓和急，抑扬顿挫，吸引学生的注意，加深他们的印象，唤起他们的思维活动，帮助他们理解和记忆。

教师讲到教学内容的重点、难点和关键的地方，语速应该放慢，语气也应该加重，应该有高低，有停顿。当课堂秩序出现混乱时，教师不妨有意地变换声调，甚至试图压低嗓门，采取声缓而语重的方式讲课。这样，对学生是个"新异刺激"，能够将学生的注意力迅速转移到讲课内容上来。

教师要善于利用语言的节奏和声调的变化，使学生保持领会教学内容所必要的大脑优势兴奋，导致学生的大脑皮质持续地处于积极而活跃的最佳思维状态。总而言之，在教学活动中，教师运用教学的语言，既是一门科学，也是一门艺术，不是轻易可以学好的。研究课堂教学的语言艺术，提高教师在课堂教学的说话本领，对提高教学质量有着很重要的意义。

# 第四节　二语学习模式

为了提高学生的综合素质，丰富知识结构，全国各大高等院校的外语专业都会开设第二外语课程。对外语专业学生来说，它不仅是在校期间的必修课，还是报考研究生、工作后职称考试等的必考科目，在教学中的地位相当于非外语专业的大学英语课程。多年来，大学英语教学得到了高度重视，但第二外语的作用却常被忽视，存在教学模式单一、陈旧，学生消极应付等问题。如何变革教学方法，扭转学生的学习态度，提高学习热情，是摆在二语教师面前的重要课题。

## 一、国内外研究学习模式的概况

为了适应时代发展，20世纪70年代兴起了有关"学习模式"的研究和讨论，近年来得到普遍应用。著名教育家查有梁等认为，"所谓学习模式，就是指在长期学习实践中形成的、对学习者学习活动具有范型意义的相对稳定的系统化和理论化的学习结构"。① 人们发现，人类从出生就拥有学习的能力，但由于个体差异，认识、理解和处理事情的方式又各有不同，不同个体学习吸收知识时表现的学习模式也各不相同。

学习模式从生理知觉的角度大体分为三类：视觉模式，听觉模式，触觉/动觉模式。目前至少提出了80种学习模式模型。按学习目标与学习方法分类，常见的有：结构学习模式、意义接受学习模式、模仿学习模式、操作学习模式、发现学习模式、自主学习模式、合作学习模式、社会学习模式等。

① 罗雪娟.二语习得与外语学习[J].青海师专学报（教育科学），2007(3)：52.

学习模式既是教师教学的模式，也是学生学习的模式。学习模式就是教学模式。一种学习模式就是一种学习环境。教学过程的核心就是创设一种环境。在这个环境里，学生能够相互影响，学会如何学习。教师在帮助学生获得信息、技能、思维和表达方式的同时，也在教授学习方法。

就目前国内教学情况来看，一方面，一部分教师沿用传统的接受型学习模式，单方面向学生灌输知识。此种学习法以教师为主体，忽视了学生在学习中的中心地位，缺乏互动性。学生自学、互学、研学等方面的能力得不到提高，教学效果不理想。另一方面，有意进行教学改革的教师，意识到学习应以学生为出发点，把新型学习模式应用于教学中。但存在只重视单一学习模式的应用，割裂了各个学习模式之间的联系等问题，不能有效地提高学生的学习效率。

二语学习模式一般指二语习得理论。随着人们对儿童语言习得和对英语作为二语学习研究的深入，二语习得（second language acquisition）研究作为专门的研究学科在 20 世纪 70 年代应运而生。

## 二、二语学习模式中的理论假说

虽说二语习得研究作为专门的独立学科诞生较迟，但其实践早已有之，自从有了语言教学，特别是有了外语教学，就有二语习得研究实践，并且在漫长的二语习得研究实践中，不同派别的语言学家和教育家分别提出了自己对二语习得研究的理论支撑，从而形成了各种不同二语习得理论假说。

### （一）计算机理论假说

计算机理论假说是大家熟悉的信息传递—接收语言学习模式。A 发出并传递信息，B 收到信息（相当于计算机的 input）并做出反馈（output）；最后 A 接收反馈。A 发出的信息起源于思维，然后通过编码成语言传递给 B，B 通过解码达到思维的共鸣，这样就完成了把 A 的观点、想法传递给 B 的活动，整个过程好似计算机操作过程。如此反复进行便可以习得语言。

正如电脑一样，人脑也通过运行程序来处理输入、输出的语言材料，并将其陌生的材料与已有概念或图式联系起来，使新接收到的信息同化为自己熟悉的材料并组成语言，促进语言的习得。该语言学习模式深受计算机"信息处理"理论的影响，其主要关注大脑接收、处理和输出信息等之类的东西，这些很多是不可控制甚至是虚无缥缈的；对于大脑本身的机制问题，被认为是天生拥有的，例如大脑的硬接线知识，好比电脑的程序和芯片一样。

### (二) 储存理论假说

储存理论假说和计算机理论假说紧密相关，认为通过信息接收，语言便储存在大脑里了。部分储存理论假说也关注语言是"如何传递到大脑里面的"。持储存理论假说的语言学学家分为两个对立的派别：行为主义和普遍语法。行为主义认为，人的大脑在出生时好比"白板"，只有在后天的体验、模仿、联想甚至背诵等活动中才能将语言储存在大脑里。然而，普遍语法则认为人类天生就有"语言学习机制"，只要将小孩暴露在语言环境里，其"语言学习机制"便会发展完善，从而习得语言。但两者均认为，语言学习其实就是将语言储存在大脑里，以便使用时提取。

由于两种派别的观点不同，因此在指导课堂教学的理念也完全不一样。行为主义要求语言学习者要进行大量的语言练习和背诵；而普遍语法则声称，语言学习既不需要教，也不需要学，只要让小孩置身于特定的语言环境中，语言自然就储存在大脑里面了。

### (三) 内容—形式理论假说

语言教学工作者或者研究者在分析语言时，要么关注其内容，要么关注其形式，因此往往会把二者区别对待。除美国结构主义学派以外，早期的普遍语法也只关注语法结构，而将意义置于次要位置。这就是为什乔姆斯基的经典句子 "Colorless green ideas sleep furiously."（无色的绿色的念头狂怒地在睡觉。）被认为是有效的，尽管毫无意义，但合乎语法规则。而其他理论，如普通语义学、言语行为理论、语用学则关注意义，即内容，而将形式置于不顾或者次要位置。

在我们的语言教学中，也是在关注内容与形式之间来回摇摆，举棋不定。曾经有教学工作者试图将二者整合，但绝非易事。如若希望将二者整合，就需要我们将语言当语言来教。这也正是生态语言教学所主张的。

### (四) 错误理论假说

所有的语言教学工作者都曾为此感到头疼，即如何平衡流利性和准确性的问题。流利性指交流的有效性；而准确性则指语言产出的错误率。

以前，纠正语言错误被认为是语言成功学习的必要条件；而错误被看作语言学的拦路石，如果我们不及时纠正，石化现象一旦发生，错误将无法更正。因此避免和纠正错误就显得尤为重要，只要学习者发生错误，教师就应该立即纠正，尤其是发生了严重错误时。但我们该如何定义错误呢？字面上很容易理解，但实际操作中并非如此。

一方面我们强调及时纠正错误；另一方面，一旦纠正错误就会影响学习者的流利性，甚至挫伤学习者的学习热情，从而影响语言学习。现代外语教学比较流行的任务型教学法则更注重学生的流利性，认为语言就是一种交流的工具，有效地表达自己的观点最为重要，交流过程中没有人会留意是"There are two apples on the table"还是"There are two apple on the table"。

## 三、二语学习模式中的语言互动

语言迁移在二语学习模式中具有重要的作用，二语习得在语言迁移的作用下，互动分为正迁移以及负迁移两种。二语学习模式下语言和互动迁移需要对语言的阐释进行分析，并且在不同的语言中寻找语言之间的差异，通过差异性元素构建完善的语言互动学习模式。

### (一) 二语习得的社会认知互动方式

在二语学习模式下，对于语言的学习要了解学习的内容和目标，从全局出发，进行开放式的语言互动教学，在开放性语言互动中，学生对于基础语言学的认识进一步加深，语言互动方式更加多样，可以提高学生的学习兴趣，引导学生积极参与到语言互动中。通过二语习得的社会认知，二语习得互动过程发生转变，实现动态化的互动过程，语言学习交流跨越学科界限，并且融合二语习得，构建学科和语言互动模式，对教学内容和教学模式进行创新。在社会认知中可以对语言学习的能力进行强化，并且对学习状态的感知进行主体资格转换。根据学习者对于语言的学习能力以及学习进度，实现更加多样化的互动。

### (二) 二语学习模式下目标语言互动

在二语学习模式下，学习信息形态的感知以及社会认知是姆博阿语言互动模式建立的基础和前提，因此学习目标的制定和建立要结合二语学习模式，对学习态势进行深入分析，并且了解基础性语言输出的情况，构建与目标语言相适应的学习方式。这种学习模式符合学生的学习习惯和要求，可以提高学习的主动性和积极性，实现愉快的学习实践。目标语言互动制定合理的学习目标，在学习过程中对语言信息等进行接收，并且对目标语言状态进行感知，通过对目标语言状态分析开展相应的教学互动，在实际教学工作中应用目标语言互动模式，可以促进知识迁移。

## 四、二语学习模式下语言迁移和互动创新

在二语学习模式下对语言互动方式进行创新可以有效解决语言互动中的问题，与实际的教学模式相符合，在语言教学过程中可以让学生感知目标语言状态，提高语言的实践操作能力。

### (一) 构建和谐的二语习得互动关系

二语学习模式下形成良性的互动关系可以增进交流，加强对语言要素的应用，并且通过语言互动实现师生之间的互动，拉近师生之间的距离，学习者在和谐的学习氛围下可以提高对语言互动的兴趣，提升学习效率。二语习得互动关系的构成包括教师、学生以及教材，在进行课堂教学过程中通过对教材的学习，可以加深对教材内容的理解，并且通过构建科研语言环境让学生提高语言学习能力。二语学习模式下的语言互动可以增强学生的语言认知能力，因此形成和谐的二语习得互动关系非常重要。对二语习得的模式进行创新和优化符合我国语言教学的方向，在汉语以及外国语学习的过程中可以提高接受能力。在进行课堂教学时要根据学生的学习特点以及水平对语言互动环境进行改进，保障优质的课堂环境。在课堂教学中需要对教学的内容进行重新制定，进行合理设计和规划，结合教材，从教材资源出发，实现良性互动。打造二语学习模式下的语言互动环境，将学生作为课堂的主体和

重心，教师起到引导作用，在进行语言互动时教师要充分发挥主动性和自觉性，实现自主性教学，构建优质课堂语言学习环境。

### (二) 通过二语习得互动提高学习兴趣

语言互动可以让学生参与到语言学习中，二语学习模式下知识迁移可以有效刺激学生的感官认知，可以感知语言学习目标，从而融入语言学习中，提高学习质量和效率。二语学习模式下，语言互动学习的方法具有多样性，因此可以根据学生的特点使用有针对性的学习方法，开展有效的语言教学，语言互动教学的方式包括讲座、会议等，通过构建语言互动环境吸引学生的参与，投入语言互动中，结合二语习得的思维模式，可以实现环境语言教学。在日常生活中进行语言学习可以在潜移默化中提高学生的语言能力，比如在语言学习中可以让学生融入当地人的生活圈子，并且通过不同层次的节目播放可以让学生提高对语言学习的兴趣，提高学习的积极性和自觉性，完全投入语言互动中。

### (三) 改进二语习得课堂语言环境和社会环境

二语习得中的语言互动学习模式通过多种方式和途径开展语言教学，创造语言互动环境，利用现代化信息技术提高学生对语言的感知能力，在互动学习中可以掌握语言表达技巧，提高语言表达的能力。因此，教师在语言互动教学中要灵活应用各种现代化教学设备，掌握多媒体教学知识，对于汉语以及外国语的国家文化和历史知识等有所了解，发挥语言主导作用。

综上所述，二语学习模式下语言互动教学方法具有重要作用，通过创建和谐的语言互动氛围，提高学生的语言互动感知能力以及语言表达能力，提高语言学习的兴趣。对于二语学习模式下语言互动的创新可以改善传统的课堂环境，通过多媒体教学方法的应用，提供良好的语言学习环境，对语言互动模式进行创新，实现更好的语言互动教学效果。

# 第二章 语言学应用

## 第一节 认知语言学

### 一、认知语言学的形成

#### （一）认知语言学的成型阶段

认知语言学从各方汲取营养，但其形成与发展的直接动力来源于语言学本身，特别是语用学和生成语义学派。语用学是 20 世纪 70 年代兴起的一门新学科，它反对脱离现实生活和语义环境去独立地研究抽象的语义，认为语义研究不能脱离语言的使用者——人，也不能脱离具体的语境。它对认知语言学的贡献主要表现在以下几个方面：①从单独研究语言到研究一定语境中的语言。这样就将人的认知体系融入语言研究。②用含意推理解释语言理解，不仅提出了由句子意义向会话含意推导，而且提出了会话含意的推理原则。③将隐喻纳入语言研究范围。以前的语言学理论一直将隐喻当作修辞语言，回避甚至排斥对隐喻进行语言学研究。语用学将隐喻当作正常语言来对待，由此引出一系列新的问题。正是语用学的理论使人们注意到语言研究必不可少的一个新领域——认知，因为无论怎样进行意义推导，最终都会追溯到人的认知体系。自然语言的句法不是自主的，不能独立于语义，而语义也不能独立于人的认知。这使他们走上了认知语言学的新路。

#### （二）认知语言学的发展阶段

第一，隐喻理论的传统观点认为，隐喻不仅仅是语言修辞手段，而且是一种思维方式——隐喻概念体系。作为人们认知、思维、经历、语言，甚至行为的基础，隐喻是人类生存主要的和基本的方式。第二，对哲学及语言学的语义理论提出了挑战，强调人们的经验和认知能力（而不是绝对客观的现实) 在语义解释中的重要作用。提出了经验主义语义观，认为没有独立于人的认知以外的所谓意义，也没有独立于人的认知以外的客观真理。第三，阐述了人类隐喻认知结构是语言、文化产生发展的基础，而语言反过来又对思想文化产生影响的互相参照论，论述了语言形式与意义的相关性、词义发展的理据性及语言与思维的不可分割性。语义理论除了研究句子的真值条件外，还应研究范畴化问题、图式、隐喻、转喻等。

## 二、认知语言学的理论基础

### (一) 哲学基础

认知语言学的研究是在摒弃了唯心主义和客观主义观点的基础上提出的，其哲学基础是主客观相结合的经验现实主义认识论，简称经验主义。它不同于旧的经验主义，是随着新一代认知科学的深入发展而形成的。经验主义认为没有绝对客观的现实，也没有离开客观现实而独立存在的感知和思维，只有相对于一定环境 (自然环境和社会文化环境) 的认知和经验。经验主义强调经验在人的认知和语言中的重要性，而人类的经验源于人与大自然 (物理的、生理的)、人与人 (社会的、文化的) 之间的相互作用，来源于人类自身的感觉动力器官和智力与自然环境的相互作用 (吃、穿、住、行) 及人与人之间的交往 (社会、政治、经济等)。但大脑不是像一面镜子一样一成不变地反映客观世界，而是具有自身的认识事物的结构和规律。每一种经验都遵循一定的规律，具有一定的结构，正是这种多维的结构构成了经验的完形。因此，客观现实反映在大脑中形成了认知世界或认知结构。认知语言学就是研究这一认知结构及其规律对语言的影响。在此基础上，对传统的范畴理论、知识、意义、理解、语言、推理、真理等都提出新的解释。

### (二) 心理学基础

在智能的来源问题上，当代心理哲学中有天赋论和建构论两大派。天赋论认为人的智能结构和认知能力是人类大脑生物结构所固有的，人类所有的知识都是从天生赋予的大脑结构特征中来的。建构论的代表人物是瑞士心理学家皮亚杰。他提出了认知起源于主客体之间的相互作用的相互作用论，强调认知结构是后天建构的，智能、知识来源于后天的经验、活动和实践。现代认知心理学在20世纪60年代得到迅速发展，成为占主导地位的心理学的一个新分支。它的主要贡献不仅在于提供了研究认知内部心理机制的新方法——信息加工论，还在于认为人的一切行为受其认知过程的制约，所以，主张研究认知活动本身的过程和结构，从而揭示智能的本质。

认知语言学继承和发展了经验联想主义和认知心理学的一些观点，崇尚皮亚杰的相互作用论，但否定了大脑作为机器的论点。它从人的生理基础出发，认为大脑与人身不可分，提出了"身在心中，心在身中"观点，即认为大脑的认知是以自身为基础向外扩展的，大脑的思维开始于大脑所存在的、与外界发生作用的人自身。认知是人对客观世界的感知与经验的结果，是人与外部世界相互作用的产物。认知最基本的要素是基本范畴和动觉图式，而基本范畴和动觉图式是通过人自身与外界发生作用而直接被理解的，其他概念和范畴是通过隐喻认知和转喻认知模式而间接被认识的。认知具有动态的完整结构和模式，不是机器可以模拟的。

### (三) 认知与语言观

认知语言学认为语言是人的智能活动之一，是人类认知的一个组成部分，认知和语言有着密切的联系。

第一，认知是语言的基础，语言是认知的窗口。认知发展先于语言，并决定语言的发展，语言是认知能力发展到一定阶段的产物，也只有认识的事物才能用语言表达。而且，从个体和种系认知能力发展的观点看，认知具有前语言阶段，即认识的事物尚未发展到具有外在语言符号的阶段。就此而言，认知是具有决定性的。

第二，语言能促进认知的发展。语言不能包括全部的认知能力，也不能决定认知能力的发展，但能促进认知能力的发展。语言的产生对认知能力的发展起到很大的促进作用。一方面，语言能帮助人们更好地思考和认知新事物。而且，人们可以借助于已有的语言更好地认识具有一定关联的新事物。另一方面，有了语言，人们才可以交流思想，交换信息，增加经验，从而互相沟通认识，互相调整、适应、趋同，促进种系和个体认知的发展。

第三，语言是巩固和记载认知成果的工具。人们认识客观世界的全部过程有两个。一是通过直接经验，二是通过间接经验。对于一个人来说是间接经验的东西，其实是他人或前人的直接经验。人的直接经验和认知只有通过语言（口头或文字的）才能表达、交流、记载、保存，从而传给下一代，成为后人间接的认知成果。人们对客观世界的认识也只有依靠语言才能变个人的为集体的，变集体的为社会的、全人类的，形成全人类共同的认知成果，一代一代传下去，不断积累，不断巩固。就语言本身而言，认知语言学认为语言不完全是形式的东西，不是一套规则系统，不能用生成和转换以及对形式描述的方法对语言共性进行解释。语言的词汇和语法结构都是不同层次的语言单位，是形式与意义相结合构成的具有内在结构的象征符号，具有真实的认知地位。句法的不同形式来自并反映不同的语义。

语义不是基于客观的真值条件，而是对应于认知结构，表层形式的句法结构又直接对应于语义结构，所以，认知语言学认为语义结构才是语言研究的重点。语言的意义不限于语言内部，而是植根于人与客观世界的互动的认知，植根于使用者对世界的理解和信念。因此，语义知识和语用知识是不可分的，而语言形式是认知、语义、语用等形式之外的因素促动的结果。

### 三、认知语言学的理论原则

认知语言学中虽有不同的理论方法，但它们在很大程度上是一致的，具有共同的理论原则。第一，语义结构并不是普遍的，在很大程度上因语言而异，语义结构建立在约定俗成的意象基础之上，其描写与知识结构有关。第二，语法或句法并不构成一个自主的表征形式层次，相反，语法实际上具有符号性，存在于语义结构的规约符号化中。第三，语法与词汇之间没有意义上的区别。词汇、形态和句法形成一个符号结构的连续系统，这些符号结构虽因不同的参数有别，但可以任意划分为不同的成分。

认知语言学有两个根本承诺。第一，概括的承诺——对支配人类语言各个方面的一般原则进行描写。第二，认知的承诺——从语言学以及其他学科出发，使对语言的解释与有关心智和大脑的一般知识一致。

### (一) 概念语义原则

意义等同于概念化即心理经验的各种结构或过程，而不是可能世界中的真值条件：一个表达式的意义就是在说话人或听话人的大脑里激活的概念，更为具体地说，意义存在于人类对世界的解释中，它具有主观性，体现了以人类为宇宙中心的思想，反映了主导的文化内涵、具体文化的交往方式以及世界的特征。这一原则表明，意义的描写涉及词汇与大脑的关系，而不是词与世界之间的直接关系。

### (二)百科语义原则

词汇及更大的语言单位是进入无限知识网络的入口。对一个语言表达式的意义要进行全面的解释，通常需要考虑意象(视觉的和非视觉的)、隐喻、心理模型以及对世界的朴素理解等。因此，一个词的意义单靠孤立的词典似的定义一般来说是不能解释的，必须依赖百科知识方可解释。

### (三)典型范畴原则

范畴并不是由标准属性模型定义的，也不是由必要和充分特征定义的；相反，范畴是围绕典型、家族成员相似性、范畴中各成员之间的主观关系组织起来的。

### (四)语法性判断的渐进原则

语法性判断涉及范畴化。一个话语的语法性或可接受性并不是二等分的，即并不是要么可接受、要么不可接受，而是渐进的。因此，语法性判断是渐进的，并且同语境、语义以及语法规则密切相关。认知语言学家并不像生成语法学家那样的观点。因为语法性判断具有渐进性、可变性以及语境的依赖性，要实现生成语法学家所期望的目标显然十分艰难。

### (五)语言与其他认知机制相关原则

认知语言学之所以为认知语言学，是因为它要在一般的认知中寻找语言现象的类似物。认知语言学家积极吸收心理学关于人类范畴化、注意以及记忆等的研究成果来丰富自己的理论，从而使认知语言学更加具有活力。由此可见，语言与其他认知机制具有密切的关系。

### (六) 句法的非自主性原则

句法是约定俗成的模式，声音 (或符号) 通过这种模式传达意义，因此，句法并不需要自己特殊的元素和理论结构。约定俗成的符号模式是说话人通过实际话语获得的，而要获得语法知识只有通过这样的符号模式才能实现。

认知范式中虽有不同的理论方法，但以上六条基本原则足以把这些理论方法紧密联系起来。它们界定了认知语言学的内涵和范围，并使认知语言学与其他认知学科区别开来。

# 第二节　心理语言学

语言在人类社会中无处不在。对大多数人来说，语言表达是一种几乎不需要努力就具备的能力，甚至在我们学会如何穿衣服之前就已具备。有些人觉得他们甚至会用语言来思考，这是他们思想的重要组成部分，包含一些内心独白。然而，语言表达不是件容易的事，实际上它十分复杂。并且，语言表达的连贯性十分关键，在语言处理中微小的延迟都会导致深远的后果。因此，通过了解语言的内在机制以及怎样使用语言，可以了解生活中极为重要和复杂的部分，这可以帮助患有语言障碍的人们，并且可能有助于理解人类思维的本质。

## 一、心理语言学家的使命

什么是心理语言学家？正如这一名称所示，是指研究语言学和心理学交叉现象的人。但是这个答案并没有真正回答问题，它只是把问题推回到了原点。首先，什么是语言学和心理学？前者是研究语言的科学，后者是研究人类行为和认知的科学。这两个领域的结合主要关注我们语言能力的处理过程和知识表征，以及它们是如何与人类认知的其他方面相联系的。简言之，心理语言主要回答的问题是：人们如何能够连续不断地产出和理解语言？进一步研究包括，儿童是如何具备这种能力的？在大脑损伤后，这种能力有时会损伤，这是如何发生的？为什么会发生？

心理语言学这一概念有一定误导性，它忽略了其他领域科学研究的贡献。为了真正理解语言的内在机制，我们不仅需要具备语言学和心理学的专业技能，也要具备其他科学领域的知识，如神经科学和计算机科学。心理语言学的所有努力目标在于，在认知科学的更广阔研究领域找到领地——认知科学是一门多学科科学，致力于研究动物、人类甚至电脑是如何思考的等复杂问题。

语言这种大多数个体在 4 岁前就几乎能够掌握的能力，如前所述，语言比它表面上看起来要复杂得多，但应用起来却非常容易，因此这也使它变得十分有趣。让我们从类比开始：走路对大多数人来说是十分简单的，并且我们通常在学会如何说话前就已经学会走路了。但是你能准确地解释走路是如何运作的吗？每一块肌肉、骨骼和筋腱是如何使我们克服地球引力而一步步行走的呢？解释走路是如何发生的很难，需要借助大量的生物学者、生理学者和其他领域的专家来解释这个"简单"的技能。语言就像走路，掌握这一技能很容易，却很难解释，通过理解这一过程我们能得到很多益处。

语言在我们日常生活中的重要性表现为，我们使用语言能力的任何缺陷都能被敏锐地、强烈地感受到——这种缺陷越严重，它的破坏性影响越大。这种缺陷可能是由年老引发的，可能源于发育问题，也可能是大脑损伤（或是其他影响我们感知和产生言语能力的躯体系统的损伤，如听力的损伤）所致。在所有的这些例子中，有的缺陷可能是相当微小的，可能是难以发现正确的词语或是难以理解非常复杂和独特的语言。但有的缺陷是十分严重的，从几乎全部语言功能的丧失，到特定的语言产出障碍，或是理解十分简单的句子存在困难。当然，研究语言损伤是如何发生的可以帮助我们更好地理解如何恢复语言功能。即使只研究在健全系统中语言的运作过程都是极其重要的，因为它可以为我们提供一个言语处理过程的模型，并进一步用于发展更为有效的疗法来帮助有语言障碍的人们。

处理语言的关键挑战之一在于人们能够很快地进行语言处理。因此，当你是母语者或对一门语言非常熟悉时会觉得语音很简单。但是，如果你不熟悉这门语言，你甚至很难听清楚所有的声音。显然，成为一个具备快速处理信息能力的语言使用者，有一些关键的步骤。

## 二、心理语言学的发展简史

人们对心理和语言的兴趣可以追溯到几千年以前，2500 年前就有关于语言研究的文献记载，并出现在多种文化背景中，关于思维和知识（这是我们认为的心理学的基础）不同形式的记载也可以追溯至与语言研究相同的时期，或许更早。

问题是语言中有很多方面不能用经典或操作性条件反射理论来解释。语言是递归的，可以通过一套有限的系统规则和表征产生无限的句子。用简单的刺激、反应模式很难解释由这些规则产生的句子的复杂性。语言学者对作为一种心理现象的语言感兴趣，但更关注能力的问题，例如，一种语言需要什么样的知识；构建可以不受语言表面差异的影响，能应用于所有语言的普遍理论。这两个领域并没有继续分离。

## 三、心理语言学的研究内容

自 1954 年心理语言学正式诞生以来，行为主义理论、结构主义理论、信息论等研究为其发展提供了肥沃的土壤。转换语法引导了现代实验心理语言学头十年的研究，普遍语法理论丰富和推动了语言习得理论的发展，促进了心理语言学的争鸣与繁荣。20 世纪 80 年代以来，心理语言学研究受到认知科学、认知心理学，特别是人工智能的影响，研究的主题越来越多地涉及计算机科学、哲学、神经科学以及其他相邻学科。心理语言学的研究重点大致包括三个方面：语言理解、语言产生和儿童语言习得。

### (一) 语言理解

语言理解，也就是人们如何理解语言，即话语是怎样被切分、解释和赋予意义的。狭义上，语言理解是根据声音或文字建立话语的意义，了解说话人所传递信息的内容和意图。但是，理解过程往往不会就此停止，听话人一般都会把所理解的东西进行处理，而且其处理过程往往是无意识的。因此，语言理解除了建立意义过程外，还有一个意义的使用过程，这就是广义的语言理解。

语言理解可以分成三个不同的层次或水平：语言识别、句子理解和语篇理解。

### 1. 语言识别

对语言的感知包括语音知觉与字词识别两部分。目前，语音知觉最新的研究手段是摄影摄像技术。语言信号产生方面的研究大都与声学特征及元音和辅音的听辨相关。言语感知领域有四个重要的模型理论：肌动模型理论、听觉模型、交股模型、轨迹模型。书面语言理解牵涉到视觉感应、字母辨认、词义确定、信息记忆和信息组织等方面的探索。词汇识别的研究主要集中在词的基本元素、心理词汇、词汇提取和词汇提取模型四个方面。

### 2. 句子理解

句子理解是语言理解研究中一个重要的内容。句子理解的过程是多种相互联系的心理活动的复杂结合：以词汇识别为基础，进行句法和语义分析。影响句子理解的因素有：语句的句法结构、分解策略和记忆容量等。句法加工在语言理解中有重要的作用。在句子分解和句法的模糊性的研究方面，利用句子分解模型研究模糊语句的理解方法是研究语言理解的一大手段。要正确理解语句，句子记忆也是重要的一环。到目前为止，感知策略、非转换策略、表层结构句法分析 7 原则和"灌肠机"理论已成为句子理解加工的四大主体模型。

### 3. 语篇理解

从 20 世纪中期开始，语言学家和哲学家们开始意识到，研究语言的含义不是从语言系统内部，而是根据语境研究话语的真正交际意义。含义理论、礼貌准则、面子原则和关联理论等都是关于言语规则的理论。近年来兴起了对语类的研究。语类提供语篇结构图示的大致预期。在语篇记忆方面，1932 年提出的有关人类认知系统的组织计划构架仍影响着当今心理语言学有关语篇记忆的研究。心理语言学家认为，不仅话题的辨认和句子的组合与语篇记忆密切相关，语篇理解也有助于语篇记忆。在语篇处理的研究方面，语篇处理模型成为研究语篇理解的中心内容，诸如语境模型、连接主义模型、建构与结合模型等，均从各个角度阐述了语篇理解的过程。①

---

① 段志高. 语域理论架构下的英语表达 [J]. 宜宾学院学报，2009（2）：31.

### (二) 语言产生

语言产生过程包括说话者选择和确定自己的意图，把思想转化为内部语言代码，并选择适当的语言形式来表达自己的思想。言语产生是说话人和听话人互动的过程，也是一个受谈话规则制约的过程。语言产生的研究难度比语言理解要大得多。

在语言单位的研究中，主要通过人们在音素段、语音特征、单词、词素和短语等五个方面的语言行为，来研究言语的产生过程。语言计划的单位也由不同的语言单位组成。

言语计划包括宏观和微观两个层面。宏观的言语计划和交流目的、意图以及所需信息的检索有关；而微观言语计划选择交流可以实现的信息。人们不能直接接触语言的产生，对研究语言计划来说，语言失误是最常用的证据。此外，对话语流的研究也能表现出说话人的意图，如言语犹豫、停顿、口头语等。

语言产生包括口头语言和书面语言两种形式。口语产生的实施阶段靠发音器官 (喉头、声带、口腔、鼻腔、肺部等) 的活动。言语产生的过程中，有参加人数、话题、话语顺序和时间等要素。研究还显示，人们在说话中间有自我监控的能力。与言语产生不同，书面语的产生还包括重写和修改过程。书写的过程中，作者可以阅读自己已经写过的和正在书写的内容。

语言失误可能发生在语言产生的不同阶段，如语音、句法或语义等。通过研究口误和语言失误的特征和起因，可进一步了解语言产生的一系列过程。口误的主要类型有以下几种：转移、互换、预期、持续、添加、减少、取代和混合等。

在口语产生方面，至今有四个传统的言语产生模型：弗洛姆金模型、加勒特模型、波克和莱沃尔特模型和戴尔模型。书面语产生方面有弗劳尔和海斯的书面语产生模型，书面语产生被理解为一种问题解决方式，包含三个主要特征：任务环境、长时间记忆成分、工作记忆成分。在写作的过程中，这三个成分互相作用。

另外，随着第二或更多语言在全球风行，有些心理语言学家开始研究双语或多语语言产生的条件及模型。

### （三）儿童语言习得

儿童语言习得也叫作语言发展心理学，是心理语言学研究的一个分支。心理语言学家的主要任务就是分辨语言发展的不同阶段，以及在各个阶段儿童语言的不同变化。另外，儿童语言能力的发展与社会环境密不可分，更重要的是找出儿童语言的生理、社会及心理基础在语言发展中的地位。目前，研究主要集中在语音、词汇、语法、情感等层面的发展过程，以及儿童语言习得的理论。

专家们把语言的发展分为几个步骤，大致是：啼哭、咕咕之声、咿呀学语、语调规则、单字期、双字期、词缀变化、疑问句/否定句、复杂或不常用结构、成人语言等。这只是一个概括性的儿童语言发展历程，各阶段之间相互重合，年龄界限也多有出入。

研究表明，婴儿在非常早的时期便对言语做出响应，能在相当数量的语音之间进行细微的辨别。然后，这种能力渐渐被调整得适应母语的言语环境。近年来，很多语言发展心理学家开始关注儿童言语等方面的研究。

儿童早期词汇中占比最大的是名词，其次是动词，然后是其他词类。不是词类而是具体性或可成像性决定了词汇习得。如果没有可成像性的区别，就不会有不同词类词汇习得的先后顺序。在许多儿童的早期词汇的发展中，都经历过过度扩展词义的过程。

大概从一岁半到两岁开始，儿童语言中开始体现语法。跟语音发展阶段一样，每个儿童都能够学会人类的任何语言规则，只是在习得过程中，儿童渐渐适应自己母语的规则。首先，为了找出组词成句的规律，儿童必须能够将听到的言语流切分为语言单位，然后是词素的学习，接着学会把词组合起来的规律，以及经常出现的语言模式。

行为主义的刺激—反应理论，心灵主义的内在理论，交互作用理论的认知、信息处理和社会交互作用理论构成了研究儿童语言习得理论的核心，是研究儿童语言习得理论的重要基础。至今，众说纷纭，没有一个大家公认的说法。

## 四、心理语言学发展前景展望

仅有半个世纪历史的心理语言学学科发展到目前，其研究工作无论从深度还是广度上讲，都大大向前推进了。但目前的研究大都仍是基于美国心理语言学家以英语为研究客体所做的工作，超出美国心理语言学研究框架的研究尚不明显。

心理语言学作为实验语言学，也有其先天的不足之处：不可能全面记录和分析影响实验或观察结果的因素；对实验或观察的设计和结果经常有不同的解释，主观性因素不可避免；研究比较零散，没有为大家公认的理论基础和框架；等等。语言心理过程大部分都是无意识或潜意识的，至今仍没有功能健全的机器能够分析人脑的功能运作。所有这些都使得心理语言学的发展步履维艰，有待后来的学者更深入的探索，更进一步的完善和发展。

第一，在心理语言学的各个研究方向，需要一个大家公认的理论基础和框架，来解释人类大脑的语言机制及运作。

第二，心理语言学与认知科学互相促进。心理语言学既融合于语言学与心理学，又有别于语言学和心理学。它不断吸收来自认知科学其他领域的新信息，从而为自身增添新的视角和见解。认知科学与心理语言学开始的年代相近。认知科学研究的是认知的各个方面，而最基本的是人类的智能系统及其性质；它之所以作为一门新兴学科而崛起，是因为人们在使用计算机模拟人类智能时，越来越感到需要透彻地理解人类知识的心理表征。而心理语言学从认知的角度，使用实验的方法，通过进一步深化对人的思维和心智的探索，并促进多学科知识的整合，才能期待本学科研究有重大突破。作为认知科学一个组成部分的心理语言学研究，将随着认知心理学和认知科学的其他相邻学科的发展而打开新的局面。这两门科学的合流，是大势所趋。

第三，心理语言学领域的跨语言研究将进一步深入。在语言学中，跨语言的研究极为常见。单一语言的研究具有局限性，有必要用跨语言研究来检验假说。虽然心理语言学的研究重点在于普遍的语言处理，而不是个别语言，但是跨语言研究对心理语言学也提供了很多帮助。比如，跨语言的研究比仅就一种语言进行某种问题研究更能确切地说明语言习得的基本过程。只要心理语言学仍是一门有生命力的学科，跨语言研究就会大有用武之地。

第四，随着全球化的进展，心理语言学对文化差异越来越感兴趣。人们是如何学会不同文化的？不同的文化又怎样影响人的语言理解呢？对沃尔夫假说的争论重新兴起：不同语言结构的差异可否导致讲不同语言的人的认知能力和认知过程各有不同。

除了实验和观察之外，心理语言学还可以采用人工智能的方法。至今，计算机对自然语言的处理还只停留在数据的统计和检索、语料库、辅助教学、语音识别与合成、文字自动识别等方面。在与心理语言学相关的领域，希望能在计算机模拟方面取得更多成果，以不断深入了解发生在人类大脑这个"黑盒子"中的各种心理过程。相信心理语言学研究在不久的将来将会结出更丰硕的果实。

### 五、心理语言学研究方法

第一，自然观察方法。因为有些言语行为是自然产生的，只好在它出现的时候加以观察，例如，儿童怎样学讲话，我们在使用语言时怎样讲错话。自然观察的第一个特点是不干预性，观察者对所观察的对象必须进行客观的记录，不能带有任何主观成分。第二个特点是寻找事物的形式，从个别的、随机的行为中找出事物的客观规律。第三个特点是直观性，直观比臆断可靠，但很多心理活动不能直观，必须根据其外部行为来推断内心活动。第四个特点是收集数据旷日持久，要花费很多时间和精力才能找到事物的形式。

第二，实验方法。实验方法也就是自然科学所采用的方法；它和自然观察之不同，主要体现为控制的理念和方法。实验方法要求有实验组和参照组进行对比观察。任何一种行为（例如词汇量的增长）都是各种因素相互作用的结果，为了弄清楚这些因素的不同作用，我们就必须把各个因素控制起来，即让它们在实验组和参照组里基本一样（例如我们想控制性别，就让这两个组的男女比例大致一样），而专门操纵某一个因素，即对它进行系统的改变，例如，年龄这个因素有不同的水平和发展阶段：儿童、青少年、成人……我们就通过实验方法比较不同组别的词汇量增长的情况。

随着现代科学技术的发展，在观察语言心理过程时，心理语言学开拓了不少颇具特色的实验方法，例如：①采用"在线"的方法，收集潜伏性（反应时的）数据来了解被试处理语言的速度；过去要使用专门的仪器，而如今在普通计算机上使用专门的软件就能收集到。②采用再现或再认的方法来了解刺激保存在工作记忆里的情况，以观察语言处理的成果。③采用控制输入形式的控制方法，对刺激进行干扰，甚至歪曲，以了解语境对重建丢失信息的作用。④采用简单的戴在头上的眼动仪来观察眼睛，以了解被试思维活动。采用双耳实验的方法，让被试通过耳机的两个频道听到不同的信息，以了解句子听辨的过程。⑤采用有声思维的办法，让被试口头报告他们在完成一件作业时的思想活动过程。⑥采用计算机模拟的方法，把某些理论和模型程序化，然后再把得出的结果和实际试验的结果进行比较，从而验证这些理论和模型的真实性。⑦采用电子大脑照相术的测量方法以直接观察大脑对词语刺激的反应。

第三，统计方法。自然观察和实验方法所得到的结果必须客观地报告，这就需要用到统计手段。世间一切事物都充满了不确定性，所以统计学的基础是概率论。统计方法有两大类：一类是描写统计，例如一次投票的结果必须统计，多少人赞成，多少人通过，通过率的百分比是多少？一个班的期末成绩也要统计，平均分是多少？及格率的百分比是多少？另一类是推断统计，我们的实验都是在一定范围内进行的，但是其目的并非简单地描写这些样本，而是想了解这些样本的结果是否具有普遍意义，那就是从样本推断总体。我们做实验的目的还不限于了解实验的普遍性，我们往往还想进一步了解事物之间的规律（结构和形式）以及多变量之间关系，这就需要做一些多元的统计分析（包括方差分析、回归分析、聚类分析、多维度量表、结构方程模型、神经网络方法等）。这些统计方法都比较复杂，必须应用一些现成的计算机统计程序。使用统计方法关键在于掌握它们的原理，知道什么时候应该采用什么统计方法，要防止误用和滥用的倾向。

心理语言学已经应用于通信技术（研究信息的传递、感知和理解）、医学（研究失语症和神经官能症的原因和疗法）和人工智能研究（探讨如何模拟人脑的语言功能）。但是它的最重要的用途还是在教学方面。心理语言学从信息处理和认知能力的角度来研究语言的学习和使用，对外语教学有其独特的指导作用。

# 第三节 跨文化交际

跨文化交际作为一门新兴的边缘科学，正是在这样的时代背景下产生的，关于这个领域的研究无疑是为了适应这样一个日益发达的跨文化国际交往和人际交往的需要应运而生的。因为这门学科必须研究不同文化背景形成的价值取向、思维方式的差异，必须研究不同社会结构导致的角色关系、行为规范的差异，必须研究不同民族习俗所积淀的文化符号、代码系统的差异，必须研究不同交际情景制约的语言规则、交际方式的差异。所有这些研究不但要进行深入的理论探究，还要注重实际的应用研究，这样才能使这门学科更科学、更完善、更丰满，从而更好地为这个时代服务。

## 一、相关概念

### (一) 文化的定义

文化是一个非常广泛的概念，给它下一个严格和精确的定义是一件非常困难的事情。自20世纪初以来，不少哲学家、社会学家、历史学家和语言学家一直努力，试图从各自学科的角度来界定文化的概念。然而，迄今为止仍没有一个公认的、令人满意的定义。据统计，有关文化的各种不同的定义至少有二百种。人们对文化一词的理解差异之大，足以说明界定文化概念的难度。

文化，就词的释义来说，文就是记录、表达和评述，化就是分析、理解和包容。文化的特点是有历史、有内容、有故事。不少哲学家、社会学家、人类学家、历史学家和语言学家一直努力，试图从各自学科的角度来界定文化。人类传统的观念认为，文化是一种社会现象，它是由人类长期创造形成的产物，同时又是一种历史现象，是人类社会与历史的积淀物。确切地说，文化是凝结在物质之中又游离于物质之外的，能够被传承的国家或民族的历史、地理、风土人情、传统习俗、生活方式、文学艺术、行为规范、思维方式、价值观念等，它是人类相互之间进行交流的普遍认可的一种能够传承的意识形态，是对客观世界感性上的知识与经验的升华。文化是人类在社会历史发展过程中所创造的物质财富和精神财富的总和。它包括物质文化、制度文化和心理文化三个方面。物质文化是指人类创造的物质文明，包括交通工具、服饰、日常用品等，它是一种可见的显性文化；制度文化和心理文化分别指生活制度、家庭制度、社会制度以及思维方式、审美情趣，它们属于不可见的隐性文化，包括文学、哲学、政治等方面的内容。人类所创造的精神财富，包括风俗习惯、道德情操、学术思想、文学艺术、科学技术、各种制度等。

概括各种文化的定义，得到关于文化的以下特征：①文化是人们通过长时间的努力创造出来的，是人们的行动指南。②文化是人类所独有的，是区别人类和动物的主要标志。③文化是社会遗产，而不是生理的遗传。④文化不是先天所有，而是通过后天习得的。⑤价值观念是文化的核心，可以根据不同的价值观念区分不同的文化。⑥文化是动态的，文化的形态与一定的历史时期相联系。

### （二）语言、文化和交际

语言是文化的一部分，并对文化起着重要作用。之所以这样说，是因为语言具有文化的特点。语言本身是人类在进化的过程中创造出来的一种精神财富，并且是人们后天习得和学得的。文化是全民族的共同财富，语言也是如此。

语言和文化都是人类社会的产物，能够记录文化和促进文化的发展。站在文化的角度看语言和文化的关系，可以说文化包括语言，文化的发展影响语言的发展。从语言发展的情况来看，由于时代潮流的涌进、社会制度的变革、社会风尚的变化、生产和科学技术的发展等因素的影响，大量新造词和外来词也随之涌现，反映着新出现的事物和新的概念，使汉语的词汇不断得到充实。语言渗透于文化的各个层面，是文化不可分割的一部分。语言记录着文化，它是文化表达和传播的工具。语言促进了文化的发展，同时文化也影响着语言的发展，二者相辅相成、密不可分。

交际，即人与人之间的交往，通常指二人及二人以上通过语言、行为等表达方式进行意见、情感、信息交流的过程，是人们运用一定的工具传递信息、交流思想，以达到某种目的的社会活动。根据是否有意识，在往来接触中可把交际分为三种类型：无意识的非言语行为、有意识的非言语行为和有意识的语言行为。

在交际活动中，语言的表达作用集中体现在语言活动的整个过程中。从某种意义上讲，交际过程实际上就是人们的心理活动过程。说和写、听和看，既是语言沟通情境的行为，又是人们相互间心理活动的反映，是人们的心理构成的重要成分。这是由于人的情绪和情感体验是借助于面部表情、动作姿态、语言和语调的参与交际和沟通来实现的。

在语言、文化、跨文化交际三者的关系中，语言反映文化，文化影响语言的使用和发展；在以一种语言为媒介的跨文化交际中，交际者应遵守该语言的文化语用规则。但不难发现，当一种语言在各种因素的作用下被广泛传播到本土以外、为众多其他地域的人们使用时，语言与文化之间会呈现出一种颇为复杂的关系，而在以该语言为媒介所进行的跨文化交际中，交际双方遵守的语言使用规则也可能会有所不同。语言、文化之间是一个动态的不断发展变化的过程，两者并非绝对一一对应的关系。在某些情况下，若干文化可能会作用于同一种语言，促使这种语言发生变化，形成不同的变体。

## 二、跨文化交际的内涵与分类

### (一) 跨文化交际的内涵

跨文化交际指本族语者与非本族语者之间的交际，也指任何在语言和文化背景方面有差异的人们之间的交际。跨文化交际指具有不同文化背景的人们之间的交际。这是自古以来存在的普遍现象。而文化，通常不是个人行为，是指一个群体的生活方式和习惯。做跨国、跨种族、跨民族的研究不仅应该是跨文化交际研究包括的内容，而且应该是放在首位的。地区、阶级、阶层、职业、性别、年龄等不同层次的差异也应该给予关注。至于个人之间的差异的研究只是在我们把他们当作群体的代表时才更有意义。在研究一个国家的文化特点时，我们的眼光首先应集中在它的主流文化上，其次才注意它的亚文化和地区文化特点。

跨文化交际是外语教学的一个学科，这个领域的研究是为了适应这样一个日益发达的跨文化国际交往和人际交往的需要应运而生的。这门学科研究不同文化背景形成的价值取向、思维方式的差异，研究不同社会结构导致的角色关系、行为规范的差异，研究不同民族习俗所积淀的文化符号、代码系统的差异，研究不同交际情景制约的语言规则、交际方式的差异。

价值观是跨文化交际的核心。价值观与交际是支配和反映的关系。价值观决定人们如何进行交际。无论是语言交际、非语言交际或者社会交往，无一不受到价值观的支配。

价值观是文化中最深层的一部分，它支配着人们的信念、态度和行动。它是文化中相对稳定的部分。但是，在社会发生突变或巨变的情况下，它也会随之变动。不同领域的专家学者通过对不同国家和地区的价值观的调查研究，从不同的角度认识不同国家和地区之间的价值观的差异。

### （二）跨文化交际理论的分类

#### 1. 文化交际环境理论

在强交际环境文化中，有较多的信息量或者蕴含在社会文化环境和情景中，或者内化于交际者的心中，因此暗码信息相对较多，明显的语码则负载较少的信息量。说话者倾向于采取间接的表达方式表达自己的意图，因此听者需要体会字里行间的意思才能避免产生误会。在弱交际环境文化中，信息的大部分由显性的语码负载，只有少量信息蕴含在隐性的环境之中，尽可能清楚直接地表达思想以使听者明白是说话者的责任。

#### 2. 信息内涵的同位调整理论

信息内涵的同位调整理论的三个目标：①信息内涵的同位调整理论寻求以下问题的解释：我们是谁，生活的意义是什么，这与交际现象有何关联；②在承认文化异质的情况下，信息内涵的同位调整理论寻求不同文化的可比性；③信息内涵的同位调整理论寻求对包括研究者自身在内的各种文化现象的启发性评论。

总而言之，信息内涵的同位调整理论所说的描述传播活动，其目的在于帮助参与者了解在具体场合情景中要想"建设性地交流"该做些什么。

#### 3. 建构理论

建构理论认为：①复杂信息行为（信息中包含许多目标和环境因素）导致个人中心的交际，认知结构不一样，交际观念和相关的目标也不尽相同，这影响个体对环境的定义，并指导他们的策略性的行为；②文化决定交际逻辑，不同文化侧重的目标和实现目标的方式都不一样；③跨文化交际培训应当着重培养灵活、整合的策略手段，以达成目的。

4. 期望违背理论

期望违背理论是指传播效果与传播意图产生了差错甚至相违背，可能是由传播过程中的噪声造成的，或者是传播手段有问题，或者由接受者既有的团体、心理背景造成的。

与非语言传播相关的，首先要提到的是空间距离，也称个人空间和人们期望的交谈距离。在交谈过程中，人们可以感知空间的使用和他人空间的使用。比如，教师走进自习课堂，开始辅导学生时，学生有一种紧张感；开始与学生进行互动时，学生对与教师之间空间的变化感到不安。在辅导过程中教师向学生靠近，学生会感到不舒服。但是，当辅导内容转向学生当前学习的内容时，学生就不再把教师与他们的接近看作威胁。

空间距离包括亲密距离、个人距离、社会距离及公共距离。这些距离在教师与学生的交流中都适用，关键是在什么情况下使用哪种。比如，公共距离适合如课堂上教师和学生之间比较正式的讨论。教学过程中，教师与学生的交谈距离、目光控制、手势、身体动作、面部表情等语言以外的行为发生期望以外的变化，会造成生理唤起，也经常会产生模糊的意义。

5. 谈话制约理论

谈话是有目的的，要求交际者之间相互调整。有学者把谈话制约分为两类：社会关系型和任务导向型。

社会关系型限制强调关心他人，注意避免伤及听者感情，并且尽量不把意见强加给听者；任务导向型的限制则强调透明度（如信息被清晰交际的程度）。不同的文化选择的交际策略不同。在追求目标的过程中，集体主义文化成员认为维护面子的行为（如避免伤及听者感情，尽量少地强加意见于人和避免听者给出负面评价）更重要；而个体主义文化成员则更加重视透明度。

目标追求过程中，依赖型自我阐释的个人比独立型自我阐释的个人更看重不伤及听者感情和尽量少地强加意见于人；而独立型自我阐释的个人比依赖型自我阐释的个人把透明度看得更重要。具有双重的自我阐释类型的个人则同时看重关系限制和透明度限制。个体越渴望赞同，他们就越尊重听众的感情，越不把意见强加于人；个体越渴望支配，他们就越强调透明度。个体的心理性别角色越男性化，就越强调透明度；越女性化，则越强调不伤害听众的感情及不把意见强加于人。

### 三、跨文化与外语教学的关系

外语教学不能脱离文化教学和跨文化交际教学。学习英语的最终目的是培养跨文化交际能力。跨文化交际能力要求学习者超越语言和文化的束缚，了解各种不同的思维方式和生活方式。跨文化交际能力主要指的是来自不同文化背景的人进行交际时，具有强烈的跨文化意识，善于识别文化差异和排除文化干扰并成功地进行交际。

#### （一）跨文化交际能力

跨文化交际能力指交际者谈判文化意义并适当地在特殊环境下使用的有效的沟通行为，以便确认双方多重认同的能力。它是交际者在某种特定的语境下所表现出来的适当且有效的行为，掌握一定的文化和交际知识，能将这些知识应用到实际跨文化环境中，并且在心理上不惧怕，主动、积极、愉快地接受挑战，对不同文化表现出包容和欣赏的态度。虽然对跨文化交际能力的定义众多，却都有一些共同点，如交际的跨文化性、有效性。一般来说，跨文化交际能力是由语言交际能力、非语言交际能力、语言规则和交际规则转化能力、跨文化适应能力组成的综合能力。

1. 语言交际能力

不管是同一语言群体之间的交际，还是不同语言群体之间的交际，交际效果的好坏取决于交际者的交际能力，即语言知识能力和语言使用能力的强弱。语言知识能力由词汇能力和语法能力组成，语言使用能力由话语能力、应变能力和社会语言能力构成。

对于英语学习，词汇能力是掌握一定数量和质量的外语词汇。掌握词汇要了解这一词汇的文化背景。如果没有文化背景，语言交际很容易犯错误。例如，汉语中红色有多种含义：①热烈、欢乐、喜庆的意思，如开门红、走红运、红双喜、红地毯；②革命，胜利；③成功，受到别人的赏识，走红、红透半边天。英语中红色带有潜在的危险、极端的热情、政治上的极端主义、鲜血等含义。

语法能力是掌握语言符合规则的能力，即在掌握一定词汇的基础上，运用语法规则遣词造句的能力。虽然语法规则比较抽象，但是掌握正确的语法规则是语言交际的基本功。

词汇能力和语法能力是话语能力、应变能力和社会语言能力的基础和前提。话语能力指交际中把要叙述的事件连贯地以语段、语篇的形式述说或书写出来的能力。它与语法能力的区别在于：它是超越句子层面的表达能力。

2. 非语言交际能力

非语言交际是语言交际以外的一切交际行为和方式，是一种不用言辞的交际。非语言交际主要指身势语（如姿势、身体各部分的动作、身体接触行为等）。身势语同语言一样，都是文化的一部分。在不同文化中，身势语的意义并不完全相同。各民族有不同的非语言交际方式。例如，不同民族的人在谈话时，对双方保持多远距离才合适有不同的看法；谈话双方身体接触的次数多少因文化不同而异；在目光接触这一方面也有许多规定：看不看对方，什么时候看，看多久，什么人可以看，什么人不可以看；打手势时动作稍有不同，就会与原来想表达的意思有所区别，对某种手势理解错了，也会引起意外的反应等。因此，要用外语进行有效的交际，在说某种语言时就得了解说话人的手势、动作、举止等所表示的意思。在某些情况下，所说的话与身势语表达的意思不一样，这时要借助其他信息或从整个情况中猜测说话人的意思。从某种意义上说，一切身势语都要放在一定的情景下去理解，忽视了整个情景就会发生误解。而中美身势语对比研究表明，两者有相似的地方，也有不同的地方，说明了解另一种语言中身势语对于跨文化交际的重要性。

3. 语言规则和交际规则的转化能力

语言规则指的是语音、词汇、语法规则体系。而交际规则指的是人们相互交往的行为准则。交际规则指的是每种文化特有的风俗习惯、行为准则、礼仪规则、思维方式和价值观念对交际行为规范的原则。外语学习不仅需要学会母语和外语之间的语言规则的相互转化，还需要学习不同文化的交际规则，学习中外交际规则的转化。在跨文化交际中，外语发音不正确、用词不当等，外语国家的人都会理解。如果外语发音正确却违反了外语国家的交际原则，就会触犯对方，招致交际对象的反感。例如，翻译汉语询问型的问候语时就要考虑到，汉语询问型问候语体现的是中国人群体文化的特点，表达的不只是问候之意，还有相互关切之情，遵循的是中国文化的交际规则。翻译成另一种语言时不可直译或照搬中国文化的交际规则，否则就会造成文化误解或文化冲突。

4.跨文化适应能力

跨文化适应能力指交际双方相互之间交际适应能力和对相异文化环境的适应能力。也就是善于克服文化休克的障碍，正确了解和认识新文化或来自不同文化的交际对象，对自己固有的行为举止、交际规则、思维方式和思想感情做出必要的调整。必要时还要对自己的文化身份做出改变，以便适应新文化的生活。此外，还要善于预见和处理跨文化交际中可能出现的文化差异的干扰，尽可能避免或顺利地排除文化冲突。

人们常常抱怨交际对方难以理解或不好打交道，却不明白原因所在，在国外生活的中国人常常抱怨所在的文化环境难以适应，采取的方法不是躲避就是直接冲突，这都是文化休克的表现。培养文化适应的能力就是要排除文化休克的阻隔和文化优越感、文化模式化、文化偏见的干扰。

## (二) 文化迁移

语言涉及人的心理问题，它是一种心理过程。在心理学上，人们把一种学习对另一种学习的影响称为迁移。文化迁移是指由文化差异而引起的文化干扰，它表现在跨文化交际中或外语学习时，人们下意识地用自己的文化准则和价值观来指导自己的言行和思想，并以此为标准来评判他人的思想。文化迁移往往会导致交际困难、误解，所以研究文化迁移无论是对跨文化交际，还是对外语教学，都具有重要意义。

一个人在学习二语的过程中，必然会受到第一语言即母语的干扰和影响，这一现象被语言学家称为母语迁移。就迁移效果来讲，我们可以把它分为正迁移和负迁移。当母语对外语学习有促进作用时，便是正迁移；当母语对外语学习有抑制或干扰作用时，便是负迁移，亦称干扰。我们知道人类的知识与思维具有一定的共性或普遍性。我们可以利用母语与母语文化来促进外语学习中有共性的东西的理解和学习。外语学习者在学习外语的过程中都不自觉地要将外语与其母语作对比，试图找出其相似之处和不同之处，从而加速外语与外语文化的学习。外语教学工作者在教授外语时也不可避免地要用母语同外语作比较，积极地为学习者点明其异同，使学习者尽快掌握。由于现代英语与现代汉语之间存在着很大的相似之处，具有良好母语功底的英语学习者，其英语交际能力的获得也相对快一些。在遇到相似的语言结构时，正迁移发生的概率往往就很大。这就是母语及母语文化在英语学习过程中所起的积极作用。通过与母语的对比，学习者发现了相似之处，从而促进了对英语的理解与使用。这种成功经验促使他在学习过程中更多地使用对比，甚至对号入座，此时就会发生母语干扰现象，即负迁移。不该对号入座的时候去对号入座，违背了英语的语法规则和思维方式或不符合英语的文化习俗，就出现了错误。英语教学工作者在教授英语过程中经常提醒英语学习者要学会用英语进行思维。然而，已经有了第一语言用于思维，二语的学习者很难开始用二语进行思维。要学会用二语进行思维，需要以对该种语言相当程度的掌握为前提，不可能一开始就学会。因此，越是初学者，受到母语文化的干扰也就越大，换言之，负迁移发生的概率就越大。

中国式英语作为一种特殊的语言现象，越来越受到广大英语教学工作者和英语学习者的关注。由于英语学习者在学习英语的过程中有时不可避免地甚至积极地和母语进行对比，因此广泛地受到母语的影响并造成母语成分的迁移。如果形成正迁移，就会对学习产生积极的促进作用；如果形成负迁移，就会对学习起到干扰作用，随之就产生了中国式英语。中国式英语是受到母语文化干扰的不纯正的英语，是学习者在跨文化交际过程中硬套母语规则和习惯的不规则英语，也是学习者在学习过程中出现的过渡语。我们学习英语的目的是要进行跨文化交际，不管此种交际是口头形式的，还是书面形式的。要成功进行跨文化交际，我们所使用的英语越接近"标准英语"越好。因此，我们学习英语的目标是要掌握"标准英语"。

### (三) 语言教师在跨文化交际中的作用

教师必须在教学培养过程中起主导作用，应具备对目的语文化和本族语文化的理解能力，并成为不同文化的传播及解释媒介，帮助学生理解文化差异，使他们尽快树立跨文化意识。虽然许多教师已经认识到跨文化交际在外语教学中的重要性，但他们对于文化差异的敏感性和跨文化交际能力还不足以在课堂上进行有效对比和分析。培养和提高外语教师的跨文化交际能力最有效的办法是对他们进行短期的集中培训或请专家做系列讲座，同时进行自我学习与自我完善，以达到英语教学对教师的要求。此外，更重要的是教师应通过有计划、有目的、有重点地讲解，潜移默化地培养学生的跨文化交际能力。教师要紧跟时代步伐、积极创新、勇于实践、不断探索，总结行之有效的教学方法，可以采用分组教学，话题讨论，通过词汇、阅读、口语教学等方式实施跨文化交际教学。

1. 用教材和课堂教学活动培养学生的跨文化交际能力

在语言和文化教学过程中，应尽力充实英语教材，选取在各方面具有使用价值的实用性教学教材，拓宽学生知识面。同时，编写外语教材应考虑语言知识、应用知识和文化知识等方面。当然，要正确理解教材在教学中的作用，只有教师围绕教材组织学生进行活动才能赋予其生命力。教师应该充分挖掘现有教材的文化内涵，通过教材提供的语言素材，开拓学生的视野，扩大其知识面，加深学生对外部世界的了解。目前，课堂教学仍是多数学校语言输入的重要途径。在此过程中，教师既要重视语言形式的正确性，又要讲解语言的使用规则和得体性。针对教材中出现的词汇、语篇以及文化背景进行中英文介绍和对比，加深学生对文化差异的理解，有助于培养他们的跨文化交际意识。同时，开设有关语言文化、跨文化交际、英美概况等选修课或讲座，使学生详细了解国外礼仪习俗，善于发现目的语文化特点以及语言规则，增强对文化差异的敏感性。

2. 充分发挥课外阅读和实践活动的作用

除了进行文化教育，教师应当让学生进行课外阅读。通过阅读外国文学作品，能够了解不同的价值观、风俗习惯、宗教信仰和社会关系等文化内容；报刊和网络媒体是了解当前国际社会动态及各种社会问题和社会关系最直接的途径；教师还可以组织学生观看外文电影并加以讲解讨论，这也是丰富跨文化交际知识的有效途径。另外，英文电台及卫星电视节目都是了解不同文化背景、社会礼仪的主要渠道。外语教学是一门实践性很强的课程，教师要改变传统，创造轻松、愉快的语言学习环境，充分调动学生主动学习的积极性，让学生有更多的机会练习或模拟各种情景对话，参与形式多样的语言交际活动。

# 第三章 二语习得理论

## 第一节 二语习得内部影响因素

二语习得通常指母语习得之后的任何其他语言学习。人们从社会、心理、语言学等角度去研究它。二语习得研究作为一个独立学科，大概形成于20世纪60年代末70年代初。它对学习者的二语特征及其发展变化、学习者学习第二外语时所具有的共同特征和个别差异进行描写，并分析影响二语习得的内外部因素。

二语习得是一个复杂且多维度的过程，涉及语言、认知、心理以及社会文化等多个层面。在这一过程中，内部影响因素扮演着至关重要的角色，它们直接影响学习者的学习效果和进展。

### 一、语言因素

#### （一）母语迁移

母语迁移是二语习得中一个不可忽视的语言因素。迁移是指学习者在习得二语时，将母语的知识、技能、习惯等应用到二语学习中去的现象。迁移可以是正面的（正迁移），也可以是负面的（负迁移）。当母语与二语在语音、词汇、语法等方面存在相似之处时，母语的正迁移有助于学习者更快地掌握二语；反之，当两者差异较大时，负迁移则可能导致学习困难或错误增多。

母语迁移不仅影响语言形式的学习，还影响语言功能的掌握。例如，英语和汉语在句子结构上存在显著差异，汉语倾向于意合，而英语则更注重形合。因此，中国学生在学习英语时，往往会不自觉地按照汉语的思维方式组织句子，导致语法错误。

## （二）语言体系差异

语言体系差异是影响二语习得效果的另一个重要因素。不同语言在语音、词汇、语法等方面存在不同程度的差异，这些差异直接影响学习者对二语的理解和掌握。语言体系接近的语言，如西班牙语和葡萄牙语，学习者在习得过程中相对容易；而语言体系差异较大的语言，如汉语和英语，学习者则需要付出更多的努力和时间。

语言体系差异不仅体现在表面结构上，还体现在深层语言规律和规则上。学习者需要逐渐适应并掌握这些规律和规则，才能准确、流利地使用二语。

## 二、学习者内部因素

### （一）年龄

年龄是影响二语习得效果的一个重要内部因素。一般来说，儿童在习得二语方面具有更大的优势，这主要得益于他们较强的语言习得能力和灵活的大脑可塑性。随着年龄的增长，语言习得能力逐渐减弱，但成人的认知能力、逻辑思维能力等优势又为他们在二语学习中提供了新的途径。

不同年龄段的学习者在二语习得过程中表现出不同的特点。儿童通常通过模仿和重复来学习语言，而成人则更倾向于通过理解和分析来学习。因此，教师应根据学习者的年龄特点选择合适的教学方法和策略。

### （二）动机

动机是语言学习个体因素中最具能动性的因素。动机不仅影响学习者的学习态度和努力程度，还影响他们的学习效率和成果。有研究者将学习动机具体分为学习目标、努力行为、实现学习目标的愿望和学习语言的积极态度四个方面。这些方面相互关联、相互促进，共同构成了一个完整的动机体系。

学习动机的强弱直接影响学习者的学习动力和持久性。强烈的学习动机能够激发学习者的学习热情，使他们更加积极地投入语言学习中去；而缺乏学习动机的学习者则容易在学习过程中产生厌倦和放弃的情绪。因此，教师在教学过程中应关注学生的学习动机，通过激发兴趣、设定目标等方式来激发学生的学习动力。

### （三）个性与学习策略

个性是指个体在心理和行为上表现出的独特性和稳定性。不同个性的学习者在二语习得过程中表现出不同的特点和倾向。例如，性格外向的学习者更倾向于通过交际活动来学习语言，而性格内向的学习者则更倾向于通过阅读和写作来学习。

学习策略是学习者在学习过程中采用的方法和技巧。有效的学习策略能够提高学习效率，促进语言习得。学习策略包括记忆策略、认知策略、元认知策略等。记忆策略如联想记忆、重复记忆等有助于学习者记忆词汇和语法规则；认知策略如推理、归纳等有助于学习者理解和分析语言材料；元认知策略如计划、监控、评估等则有助于学习者调节和管理自己的学习过程。

个性与学习策略之间存在密切关系。不同个性的学习者在学习策略的选择和运用上存在差异。例如，性格外向的学习者可能更倾向于采用交际策略来练习口语，而性格内向的学习者则可能更倾向于采用阅读策略来扩大词汇量。因此，教师在教学过程中应关注学生的个性特点，引导他们选择适合自己的学习策略。

### （四）语言学能

语言学能是影响二语习得效果的一个重要内部因素。语言学能是指个体在语言学习方面所具备的天赋和能力。语言学能具体由语音编码能力、语法敏感、归纳能力、机械记忆能力等几个相互独立的能力构成。这些能力共同作用于语言学习过程，影响学习者的学习效率和成果。

语言学能差异表现为二语学习者个体差异的重要方面。一些学习者在语言学能上具有较高的天赋和能力，能够更快地掌握二语；而另一些学习者则可能面临较大的学习困难。因此，在教学过程中，教师应关注学生的学习能力和特点，针对不同学生的需求提供个性化的教学支持。

### （五）学习观念与元语言意识

学习观念是指学习者在学习过程中逐渐形成的对学习的看法和态度。学习观念的形成受到多种因素的影响，包括个人经历、文化背景、教育环境等。学习观念直接影响学习者的学习行为和效果。积极的学习观念能够激发学习者的学习动力，促进他们主动探索和学习；而消极的学习观念则可能使学习者对学习产生抵触情绪，影响学习效果。

在二语习得中，学习者需要树立积极的学习观念，认识到语言学习是一个长期且持续的过程，需要耐心、毅力和坚持。同时，学习者还应保持开放的心态，愿意接受新的语言知识和文化观念，不断挑战自我，提高语言能力。

### （六）元语言意识

元语言意识是指学习者对自己语言学习过程的认识和反思能力。它包括对语言规则、学习策略、学习过程等方面的意识和理解。元语言意识强的学习者能够更好地监控自己的学习过程，调整学习策略，及时发现并纠正学习中的错误。

培养学习者的元语言意识至关重要。教师可以通过引导学生进行自我评估、设置学习目标、反思学习过程等方式来提高学生的元语言意识。当学生具备了一定的元语言意识后，他们就能更加主动地参与到语言学习中去，成为自主学习的主体。

总之，二语习得的内部影响因素是多方面的，它们相互交织、相互作用，共同影响学习者的学习效果和进展。语言因素中的母语迁移和语言体系差异为学习者提供了学习的起点和挑战；学习者内部因素中的年龄、动机、个性与学习策略、语言学能以及学习观念和元语言意识则构成了学习者个体差异的主要方面。

在二语习得过程中，教师应全面关注学习者的内部影响因素，采取有针对性的教学措施来激发学习者的学习动力、提高学习效率。具体而言，教师可以通过了解学习者的年龄、动机、个性特点和学习策略来制定个性化的教学计划；通过培养学习者的语言学能和元语言意识来增强他们的语言学习能力；通过引导学习者树立积极的学习观念和反思学习过程来培养他们的自主学习能力。只有这样，才能更有效地促进学习者的二语习得过程，提高他们的语言能力和跨文化交际能力。

# 第二节　二语习得外部影响因素

二语习得的外部影响因素是复杂且多维度的，它们直接或间接地作用于学习者的学习过程，对习得效果产生重要影响。

## 一、语言环境因素

### (一) 目标语环境

目标语环境是指学习者直接接触和使用目标语言（二语）的环境。在这种环境中，学习者可以频繁地听到、看到、使用目标语言，从而加速语言习得过程。目标语环境对二语习得的影响主要体现在以下几个方面：

第一，语言输入。在目标语环境中，学习者能够接触到大量的、真实的语言输入，包括日常对话、广播、电视、网络等多种渠道。这些语言输入为学习者提供了丰富的语言素材和语境，有助于他们理解和掌握目标语言的语音、词汇、语法和语用特征。

第二，语言实践。目标语环境为学习者提供了大量的语言实践机会。学习者可以在日常生活中与母语者进行交流，通过实际使用目标语言来巩固和提高自己的语言能力。这种实践性的学习方式比单纯的课堂学习更加有效，因为它能够激发学习者的学习兴趣和动力，促进语言习得的自然发生。

第三，语言反馈。在目标语环境中，学习者可以得到母语者的及时反馈。这种反馈不仅包括语言形式上的纠正，还包括语用上的指导和建议。这些反馈有助于学习者及时发现并纠正自己的错误，提高语言使用的准确性和得体性。

### (二) 母语环境

母语环境对二语习得的影响同样不可忽视。母语作为学习者的第一语言，在二语习得过程中可能产生正迁移或负迁移作用。正迁移有助于学习者更快地掌握目标语言的某些特征，而负迁移则可能导致学习困难或错误增多。此外，母语环境还可能影响学习者的学习态度和动机，因为学习者在母语环境中形成的语言习惯和文化背景可能使他们对目标语言产生一定的抵触情绪或畏惧心理。

## 二、社会文化因素

### (一) 文化背景

学习者的文化背景对二语习得具有深远的影响。不同的文化背景可能导致学习者在语言习得过程中表现出不同的学习风格、学习策略和学习态度。例如，一些文化强调个人主义和竞争精神，这种文化背景下的学习者可能更倾向于独立学习和自我挑战；而另一些文化则强调集体主义和合作精神，这种文化背景下的学习者可能更倾向于在团队中学习和分享经验。

文化背景还影响学习者对目标语言文化的接受程度。当学习者的文化背景与目标语言文化相似时，他们可能更容易理解和接受目标语言的文化内涵和价值观；反之，则可能产生文化冲突和误解。

### (二) 社会支持

社会支持是指来自家庭、学校、社区等社会环境的支持和帮助。社会支持对学习者的影响不容忽视。家庭的支持和鼓励可以激发学习者的学习兴趣和动力；学校的教学资源和师资力量则为学习者提供了良好的学习环境和条件；社区的语言环境和文化氛围则有助于学习者在实际生活中运用和巩固所学语言。

## 三、教育教学因素

### (一) 教学方法

教学方法是影响二语习得效果的关键因素之一。不同的教学方法可能适用于不同的学习者和学习情境。目前，常见的二语教学方法包括认知教学法、情景教学法、交际教学法等。这些方法各有优缺点，教师应根据学习者的实际情况和学习需求选择合适的教学方法。

第一，认知教学法。注重语言知识的系统性和逻辑性，通过反复练习和记忆来掌握语言规则。这种方法适用于初学者和需要系统学习语言知识的学习者。

第二，情景教学法。通过模拟实际生活中的场景来教授语言知识和技能。这种方法有助于学习者在具体语境中理解和运用语言，提高语言交际能力。

第三，交际教学法。强调语言交际的重要性，通过实际交际活动来培养学习者的语言运用能力。这种方法适用于已经掌握一定语言基础的学习者，能够激发他们的学习兴趣和动力。

## （二）教材质量

教材是二语习得过程中不可或缺的教学资源。教材的质量直接影响学习者的学习效果和兴趣。一本好的教材应该具备以下几个特点：

第一，内容丰富。涵盖目标语言的语音、词汇、语法、语用等各个方面，满足学习者的不同需求。

第二，结构合理。按照语言学习的自然顺序和规律编排内容，循序渐进地引导学习者掌握语言知识。

第三，实用性强。注重语言交际能力的培养，提供大量真实的交际场景和实用的语言素材。

第四，趣味性强。通过多样化的教学活动和练习形式激发学习者的学习兴趣和动力。

## （三）教师素质

教师在二语习得过程中扮演着至关重要的角色。教师的素质直接影响学习者的学习效果和兴趣。一位优秀的二语教师应该具备以下几个方面的素质：

第一，专业知识扎实。掌握扎实的语言学和教育学知识，能够准确地传授语言知识和技能。

第二，教学经验丰富。具备丰富的教学经验和实践能力，能够根据不同学习者的实际情况和需求选择合适的教学方法和策略。

第三，沟通能力强。能够与学习者建立良好的沟通关系，关注他们的学习进展和困难，及时给予指导和帮助。

第四，热情耐心。对二语教学充满热情，对学习者充满耐心，能够积极鼓励并激发他们的学习兴趣和动力。教师的热情能够感染学生，使他们更加积极地参与到学习活动中去；而教师的耐心则能够帮助学习者克服学习中的困难和挫折，保持学习的持续性和稳定性。

## 四、技术因素

### (一) 数字化资源

随着信息技术的飞速发展，数字化资源在二语习得中的应用越来越广泛。数字化资源包括在线课程、学习软件、电子书籍、语言学习软件等多种形式，它们为学习者提供了便捷、灵活、个性化的学习途径。

第一，在线课程。通过网络平台提供的在线课程，学习者可以随时随地访问高质量的教学资源，与全球各地的师生进行交流和互动。这种学习方式打破了时间和空间的限制，使学习更加灵活和高效。

第二，学习软件。学习软件通常包含丰富的语言学习材料和互动练习，能够根据学习者的水平和需求进行个性化定制。这些软件通过游戏化的学习方式激发学习者的兴趣，提高学习质量。

第三，电子书籍和语言学习软件。电子书籍和语言学习软件为学习者提供了大量的阅读材料、听力材料和口语练习机会。这些资源不仅内容丰富、更新迅速，而且便于携带和随时使用，为学习者的语言学习提供了极大的便利。

### (二) 社交媒体与网络技术

社交媒体和网络技术也为二语习得提供了新的平台和机会。通过社交媒体，学习者可以结交来自不同国家的朋友，与他们进行语言交流和文化分享。这种跨文化的交流不仅有助于学习者提高语言水平，还能增进他们对不同文化的理解和尊重。

网络技术还为学习者提供了在线辅导、远程教学等新型学习方式。学习者可以通过网络视频通话与外教进行一对一的辅导和交流，获得更加个性化、更有针对性的指导。这种学习方式不仅节省了时间和交通成本，还使学习者能够接触到更加多元化和地道的语言环境。

二语习得的外部影响因素是多方面的，它们相互作用、共同作用于学习者的学习过程。语言环境因素为学习者提供了语言输入和实践的机会，是语言习得不可或缺的基础；社会文化因素则通过文化背景和社会支持等方式影响学习者的学习态度、动机和效果；教育教学因素则通过教学方法、教材质量和教师素质等方面直接影响学习者的学习效果；技术因素则为学习者提供了便捷、灵活、个性化的学习途径和工具。

在实际的二语习得过程中，学习者应充分利用这些外部因素的优势和资源，提高自己的语言能力和跨文化交际能力。首先，学习者应积极融入目标语环境，多听、多说、多读、多写，增加语言输入和实践机会；其次，学习者应了解和尊重目标语言的文化背景和价值观，增强跨文化意识和交际能力；再次，学习者应选择适合自己的教学方法和学习资源，合理安排学习计划和时间；最后，学习者应充分利用数字化资源和社交媒体等现代技术手段，拓展学习渠道和方式，提高学习效率和质量。

教师和教育机构也应积极应对外部因素的变化和挑战，不断提升自身的专业素养和教学能力。教师应关注学习者的个体差异和需求，采用灵活多样的教学方法和手段；教育机构则应加强教材建设和教学资源整合，为学习者提供更加优质和丰富的学习资源和服务。只有这样，我们才能更好地促进二语习得的发展和提高学习者的语言能力和跨文化交际能力。

# 第三节　二语习得与外语教学

## 一、二语习得理论对外语教学的启示

纵观中国的外语教学，对其二语的语言输入几乎依赖于课堂教学，学生缺乏一种语言习得的环境条件，这是二语习得的客观现实。长时间以来我们一直强调语法教学，但是却忽略了作为语言最核心的作用——交流。习得语言与其讲授语法，倒不如让学习者在课堂上尽可能多地接触可理解的语言输入，使他们按自然顺序习得语言的基本规则。

**（一）二语习得中的年龄差异对外语教学的启示**

1. 年龄与二语习得的关系

普遍认可的年龄与二语习得的关系是：成年人的认知能力较强，所以在最初的习得速度上存在着优势，特别是在句法方面占有很大的优势，但是随着儿童不断成长，以及获得足够多的二语接触，最终可以超过成年人。但是在口语方面，只有儿童学习者能习得本族语音，但是他们要接受大量的二语的接触。研究表明习得二语语法的过程受年龄的影响不大，但是语音习得的过程可能受到很大的影响。

2. 年龄因素对外语教学的启示

第一，何时开设英语课的启示。目前我国从幼儿园、小学开设英语课的城市越来越多，教育上的投资巨大，产出则很小。有关资料显示，小学就开始学习外语的学生比起后来初中开始学习外语的学生，在总体的外语能力方面并无明显的优势。学习外语不同于学习母语，除了考虑年龄因素外，更要考虑社会等因素的影响。因为外语的学习一般是通过一定形式的学校教育来进行的，其学习较母语的学习更多地受到社会、文化、教育、心理、情感等诸因素的影响。外语教学成败往往取决于非智力因素的操作，主要是跟学生打"心理战"。因此，在外语学习过程中，应从实际出发，既要重视临界期的积极作用，又要避免过分夸大关键期对外语学习的作用。

第二，正确处理语言知识与能力的关系。外语能力的获得归根到底并不取决于多懂一些语音、语法和词汇的知识，而是靠大量的语言实践。成人学习外语重理论轻实践、重知识轻能力，这一倾向是导致学习进步迟缓、学用脱节的一个主要因素。要注意提高课堂单位时间的实践量。

第三，对不同年龄层的学习者采取不同教学方法的启示。外语教学应根据学习者个体差异进行，其一是年龄差异，其二是语言水平差异。依据年龄差异，学习者应分为：儿童，青少年和成人。由于年龄的差异，他们在认知、情感等方面表现出较明显的区别，教师应根据不同年龄段的学习者所表现出的不同特点采取相应的教学措施。一般来说，儿童较活泼好动，学习模仿能力较强，但注意力容易分散，长期记忆能力不强。这就要求老师要耐心地，用照顾式的语言来帮助他们习得外语，并设计出新颖有趣的课堂活动来吸引其注意力。青少年介于儿童和成人之间，他们理解语言和文化的能力较强，母语习惯已经形成，长期记忆能力也有所增强。但是由于他们正处于青春期，自尊心强，情绪波动较大，有时易对学习产生抵触心理，这就要求教师有包容心，并适当地采用小组学习的方法让他们更自然地表达自我。成人学习外语的特点就是其学习目标明确，有强烈的学习动机，抽象思维能力强，生活经验丰富。但随着年龄的增长，学习者的母语习惯和意识就越强，对新的语言系统习得就越受影响。针对成人的年龄特点，就应采取相应的教学计划和教学方法，用其所长，避其所短，在教学中充分发挥他们的语言潜能，成为他们学习的向导和组织者，鼓励他们利用各种途径更经济、有效地习得语言，在较短的时间里学较多的东西。

## （二）二语习得中的情感因素对外语教学的启示

### 1.情感因素对二语习得的影响

情感因素在二语习得过程中，是一个非常微妙而又无法用精确的数字来衡量的一个变量，它的存在不容忽略。

（1）动机

动机是影响二语习得的一个主要情感因素。加德纳把学习动机分为两种：工具型动机和融入型动机。关于学习动机对英语学习的影响，在英语学习的初级阶段，工具型动机和融入型动机都能促进学习者的英语学习，然而当在接触更复杂、难度更大的英语学习时，持有融入性动机的学生对英语的掌握要优于持有工具型动机的学生。学生所处的家庭背景、学生对所学内容兴趣的大小、学习任务的难度及教育体制环境、教师的言行等都会影响学习动机的产生。外语教师应该高度重视外语教学中动机的重要作用，并通过采用积极有效的手段激励学生，从而做到真正激发学生的学习动机。

（2）个性情感特征

外向与内向是影响二语习得的重要性格情感特征。研究证明，面对不同的学习任务，不同性格特征的学习者会使用不同的学习方法。外向型性格的学习者，比较善于反应和交谈，有利于获得更多的实践机会和输入。但是他们往往不特别注意语言的形式，所以有可能语言知识没有系统，缺乏理解的深度；而内向型的学习者可能更善于利用其沉静的性格对有限的输入进行更深入的形式分析，并使用推理等战略，有分析地接近问题，解决问题。但是内向型的学习者在课堂的各项活动中的情感焦虑过重，语言实践的机会少，参与意识较弱。因此，我们应该根据学生不同的性格给予他们不同的教育，这样才能发挥他们各自性格的优势。

（3）自信心

自信心是一个人取得成功的心理基础，二语学习者需要持之以恒的自信心。通常，拥有较强自信心的学习者会利用各种机会与目标语母语者进行接触，这使他们不但获得了大量的语言输出也获取了大量的语言输入，同时也包括学习者自身对其输出语言的反馈意见，进一步加强他们的学习动力和自信心。此外，此类交际还能使学习者融入真实的二语环境中，提高他们对二语的理解和运用能力。因此，轻松和谐的课堂气氛是必不可少的，除此之外，我们还要不断激发学习者的自信心，满足其成就感，使其更积极努力地学习。

2.情感因素对外语教学的启示

（1）学习者应该端正学习态度，树立正确的学习动机

语言学习是枯燥乏味且艰苦的，激发并维持正确、持久的学习动机是二语习得的关键。教师在教学中要以身作则，为学生树立学习的榜样，使学生认识到语言和文化之间的联系。学生应该正确评价外国的文化，端正自己学习外语的态度。前面已经详细阐述过学习动机对外语学习的重要性，因此，教师应该随时和学生进行情感交流，帮助学生端正学习动机，分层次为学生设置不同的学习目标。善于利用课外时间学习外语，如听广播、学英文歌曲等激发学生学习外语的积极性，提高学生的整体外语水平。

（2）尊重个体差异，保护学生自尊心

学生的个体差异是客观存在且不容忽视的。教师应允许并正视学生的个体差异，英语教学针对的是全体学生，而不单单是出类拔萃、成绩优秀的学生。此外，还要关注成绩偏差、性格内向的学生。因此，作为教师，对不同性格的学习者应采取不同的策略，使不同性格类型的学习者针对不同的

学习任务在不同场合发挥其各自的长处，并通过一些策略促使不同性格的学习者克服焦虑和干扰因素，使其适合不同的学习环境。只要充分发挥自身优势，同时正视并努力消除存在的弱点，无论外向者还是内向者都能学好外语。

（3）巧妙归因学习者成败，使学习者自信而有成就感

归因理论认为对学习成功或失败进行的因果解释会影响到学习者期望和感情方面的变化，从而影响学习者的成就行为。作为教师，应该为不同层次水平的二语学习者设置不同的台阶，巧妙地进行有利于学习的归因，使学习者将成功归因于能力或努力，相信自己的实力，强化动机，并尽可能帮助学习者分析影响学习效果的真实原因，协助他们找到解决问题的方法，以增强战胜困难的信心。因此，作为一名教师，应该巧妙归因学习者成败，使学习者自信而有成就感。

对于二语习得理论的学习，笔者更加认同我们不应该把语法教学独立于语言环境之外，而更多的是把语法教学与听、说、和阅读活动紧密结合。比如，我们将语法知识融入阅读当中，学生通过分析阅读中遇到的一些语法现象问题从而发现问题，提出问题并且在教师的指导下解决问题，比如，在讲解动词的用法时，学生在阅读中归纳出哪些动词后面跟了动词"ing"形式，被动语态的句子中具有什么样的共同特点从而让学生通过归纳和总结认识到被动语态的基本结构式"be+done"等，并且能够与第一语言的内容和语法现象相结合，让学生更好地理解其中的关系、区别、共性。通过对比学习，学生能更好地掌握其中的要素。而在外语学习中，反复练习对于发展过程性知识是很有必要的。将所学到的语法知识在读、说、写的训练中反复使用直到学生真正掌握语法知识和运用。这样，学生通过归纳、总结、练习，找出其中语法的规律，从而真正掌握某种语法知识。

尽管二语习得理论对于外语教学有诸多的启示，但课堂中的运用由于个体、现实的教学环境差异也会有很多的制约因素。基于二语习得理论，我们应该因地制宜地调整具体实施方法，结合中国外语教学的实际情况包括硬件、师资配备、教学规模等，找到一条适合中国外语教学的路。

## 二、二语习得理论在外语教学中的应用

### （一）习得学习假说与实践应用

习得学习假说是五大假说中最基本的。克拉申认为人会使用两种相互区别、相互独立的方式掌握二语能力，即习得和学习。习得是一种潜意识的集中在意义层次上获得语言知识的过程，在自然交际中习得的语言能力，不为习得者觉察。学习是有意识地通过学习语言规则和形式得到语言知识的过程。语言表达的主要来源是习得的知识，而在监察输出过程中则使用学习到的知识。所以在英语教学中，我们应当尽可能地创造真实的语言环境，给学生提供自然、真实的语言，以此提高教学效率。具体有以下两种操作方法：一是聘请外教。在经济条件允许的情况下，尽可能聘请外教或外国留学生到学校讲公开课或者面对面与学生交流。二是加大对教师听说能力的培训。有些英语教师的语言运用能力随着长期汉语化的课堂教学逐渐减弱。学校可以给英语教师提供各种语言能力方面的培训机会，同时更新英语教学观念，使外语教师教学的注意力从英语语言组织结构向语言的意义和运用转变。

### （二）自然顺序假说与实践应用

自然顺序假说认为习得者在自然交际场合习得语言，与语法结构的习得先后顺序极为相似。二语规则的习得顺序具有可预测性，有的语法结构习得早些，有的晚些。比如，动词现在分词、名词复数及系动词的习得要先于助动词、冠词习得，接着才慢慢习得动词过去式的不规则形式，最后是动词过去式的规则形式和第三人称单数所有格。根据此理论，教师就可以预测学生的认知发展水平，在教材的重组与知识考查过程中，就可以根据这一理论，合理地对教材进行删减、重组，设置题目时合理安排难易梯度。同时在进行教学设计时，能够更准确地分析学情，从而更有效地调动学生的学习兴趣与积极性。

### （三）输入假说与实践应用

此假说是整个理论的核心，阐明了习得是如何产生的。克拉申认为语

言习得是通过理解输入的信息实现的，因而输入是语言习得的首要条件。克拉申认为，语言习得有赖于大量的语言输入信息，而且这种语言输入必须是有效的。有效的输入应当具备以下四个特点：可理解性、既有趣又有关联性、非语法程序安排、足够的输入量。如果语言材料都是很容易掌握的，就无法激发学习者的学习兴趣和动机。克拉申认为，为了使语言习得者从一个阶段进入另一个更高阶段，提供的语言输入必须包括一部分低阶段的语言结构，这就是克拉申提出的"i+1"理论。

学生对英语的学习，主要通过课堂教学的形式。根据克拉申的输入假设，教师在课堂上提供的语言输入应该是高于学生现有语言水平的，即"i+1"。教师可以通过考试、问卷调查、语言测试等方式了解学生的语言水平，从而确定语言输入的难度。如果输入过于简单，将无法习得；相反，如果太难，学生就会觉得学习受挫而不愿继续学下去。因此课堂输入应该高于学生现有水平，并且学生能够理解大部分输入内容，激发他们通过努力取得进步，语言习得从而产生，这与维果茨基的"最近发展区"理论比较接近。语言的输入既包括口语又包括书面语，此外，教师还可以运用音频等多媒体辅助教学手段，对学生进行形式多样的语言输入。

### (四) 监察假说与教学启示

学习者流利地说出二语的句子，是语言能力运用的一个主要方面，也被看作语言发展的关键。学习者在使用习得的语言生成话题的同时，会运用学得的知识在实际表达的前后对输出进行监察。学习者在日常交际中，往往过多地关注双方说话的内容，而非语言形式。如果一方过度运用监察手段，不时地纠正错误，则势必会影响语言的连贯及正常的交流。因而，在不妨碍正常交际的情况下，将监察作为辅助手段，提高语言的准确度是很理想的。

针对不同的课型及其对应的教学目标，教师应当处理好学生语言表达在流利与准确两方面的关系。如果是一节听说课，主要训练学生针对某一话题进行交流讨论，用目标语进行观点阐述，那么准确性方面的要求就可以降低一些，只要学生表达流利，意思基本清楚，个别语言形式错误是可以忽略掉的。对于语法知识类课型，主要针对某种语言形式进行操练，这时候语言的准确性要求就会比较高一些，但是教师在纠错的过程中应当注意策略。

### （五）情感过滤假说与教学启示

可理解性输入对于语言习得来说是必要的，但并不足够。学习者的大脑不是一个容器，对进入的物质并不能做到全盘接收。学习者情感的变化，如焦虑、自信心和动机三个方面，会促进或阻碍由可理解性输入转化为习得的语言这一过程，进而影响输出效果。学习者的焦虑感越强，内心压力越大，情感屏障越高，则语言习得越少。适度的焦虑对语言习得起促进作用，然而过分地追求正确的语言形式，会影响到语言的流利性，引起的过度焦虑与语言习得的效果成反比。

教师在对学生进行纠错时，应把握好尺度，尽可能避免负面评价给学生带来的焦虑情绪，否则语言交流失败的挫败感等会增加学生的心理负担，打击学生的学习热情，最终产生抵触心理。学生的语言应用错误十分严重，必须纠正时，教师可以运用提醒、暗示的方法让学生自己纠正。如果学生能够发现错误并自己纠正，则应给予鼓励。如果学生不能纠正，则可以让其他同学纠正。实践证明，在纠错练习中，同伴教学要比教师教学接受效果要好。

# 第四章　外语学习

## 第一节　外语学习本质

### 一、外语学习本质的内涵

外语学习本质的内涵，就是从根本上弄清人是怎样学会外语的、外语学习的过程是怎样的。

外语学习及其研究的曲折历程证明，一般的学习理论和语言理论不能充分揭示外语学习的本质和学习过程。要达到此目的，就必须对外语学习过程本身进行直接的而不是间接的观察、分析和研究。

#### (一) 外语学习的影响和制约因素

影响和制约外语学习的因素很复杂。各国的外语教育专家对其中的基本因素提出了多种模式。其中，拉尔逊弗利受启发于外语学习三角模式，提出了影响外语学习的三大基本要素，它们是：①教的方法／教师；②学的方法／学生；③语言材料／文化。可以看出，这是在微观环境中，即在与外语学习直接有关的小环境中，影响和制约外语学习的三要素。另外，该模式仅是一种笼统的和静态的显示，因为我们从中看不出三要素的内涵和各要素之间的互动关系。

#### (二) 外语学习的代表性模式

外语学习模式中最有代表性的是斯特思外语学习模式。该模式归纳出影响和制约外语学习的四种因素：①社会环境；②学习者的状况；③学习条件；④学习过程。与拉尔逊弗利曼外语学习模式不同的是，斯特恩模式给出了各因素的内涵及它们之间的互动关系。其中，"社会环境"包括：社会语言学角度的环境、社会文化方面的环境、社会经济方面的环境。"学习者的状况"包括：学习者的年龄、认知特点、情感特点、个性特点。"学习条件"（或称教学条件）指：教学目标、教学内容、教学步骤、教学材料、教学评价。"学习过程"指：学习策略、学习技巧、学习心理运作。除以上四个要素外，模式中还有"学习效果"，指语用能力和知识水平。[①]

从斯特恩外语学习模式中可以看出，社会环境是影响和制约外语学习的主要因素。它制约着外语学习者的状况，同时也对学习条件有直接的影响。另外，社会环境又通过学习者的状况和学习条件制约着外语学习的效果。斯特恩外语学习模式有两个贡献：一是把外语教学置于社会文化经济这一宏观环境中去考查研究；二是引入"学习过程"这一概念，从而开辟了外语教学本体论研究的新途径。

我国传统外语教学研究往往忽视社会环境对外语教学的影响。像其他学科一样，一般认为，外语教学的三要素是教师（教学方法）、学生（学习方法）和教材。实际上，这只是外语教学的内圈，即外语教学的小环境。决定该三要素内涵和互动关系的是外语教学的外圈，即社会环境，它对外语教学的三大内在要素有种种限制，也提供种种条件。如社会对具有外语能力者的承认程度，外语在各种社会活动中的运用广度和深度，用外语进行交流的途径等。这些都可制约或促进外语教学的效率。因此，那种一谈起外语教学效率低就认为教学方法有问题的看法是一种传统的思维定式。

## 二、外语学习的本质意义

外语学习的本质意义可以从多个层面综合论述，它不仅是掌握一门语言工具的过程，还是个人成长、文化交流和全球参与的重要途径。

### （一）个人成长与发展

外语学习首先是一种个人能力的提升。它锻炼了学习者的记忆力、注意力、逻辑思维能力和问题解决技巧。通过学习外语，个体能够增强自我表达的能力，拓宽视野，理解不同文化的思维方式，促进心理成熟和个人独立性的发展。此外，学习外语还能促进大脑健康，研究表明，双语或多语使用者在认知灵活性、延缓认知衰退方面具有优势。

① 陈红. 情感因素与外语教学 [J]. 河北理工大学学报，2006（1）：124–125.

### (二) 文化交流与理解

语言是文化的载体，学习外语意味着深入了解另一种文化的历史、习俗、文学和艺术。这种深度的文化浸润有助于增进跨文化理解，促进不同文化背景的人们之间的尊重与和谐。在全球化的今天，具备跨文化沟通能力的人才更能够在国际舞台上发挥作用，推动文明的交流互鉴，减少误解和冲突，促进世界和平。

### (三) 教育与职业机会

掌握外语为个人提供了更广泛的教育和职业机会。在学术领域，能够阅读原始文献和参与国际学术交流；在职场上，多语言能力是许多跨国公司和国际组织的招聘条件之一，有助于提升个人的竞争力，开拓职业生涯的可能性。此外，外语能力也是出国深造、工作或旅行的重要前提，有助于建立国际网络，体验不同的生活方式。

### (四) 科技与信息获取

在信息时代，外语能力意味着能够访问全球范围内的资源和信息。互联网上的大量资料、科研论文、新闻报道和社交媒体内容往往以多种语言呈现，掌握外语能够让学习者接触到更全面的信息，避免信息茧房效应，促进创新思维和批判性思考。

### (五) 情感与创造力

外语学习也是一种情感和创造性表达的拓展。它允许个体以新的方式表达情感，创作文学作品、音乐、电影等艺术形式，甚至在翻译过程中实现文化的再创造。通过外语，人们可以欣赏到原汁原味的外国文学作品，体验不同的情感色彩和审美价值。

# 第二节 外语学习对象

外语学习是一个复杂而多维的过程，涉及多个学习对象，这些对象共同构成了外语学习的核心内容。

## 一、语言形式

语言形式是外语学习的基础，包括单独的字词、词组、搭配、固定表达式和语法等。这些元素是构成语言的基本单位，也是外语学习者必须掌握的基础知识。

### (一) 单独的字词

单独的字词是语言中最小的意义单位，如汉语的"书"和英语的"book"。认识单独的字词对于阅读有直接的帮助，特别是在处理那些考核目标是阅读速度和字面意思的阅读理解试题时。然而，要实现用外语交流 (学外语的最终目的)，仅学单独的字词远远不够。学习者需要通过上下文理解、词汇扩展和反复练习，将单独的字词融入更广泛的语境中。

### (二) 词组

词组是由几个单独的字词组成的有独立意义的语言使用单位，如汉语的"一望无际"和英语的"stretch to the horizon"。掌握词组对听、说、读、写都有很大的帮助。对于听和读，掌握词组可以提高信息处理速度，使学习者在听或读时能够更快地理解内容。对于说和写，掌握词组可以使表达更加准确、流利，避免中式外语的出现。此外，英语中的名词因冠词的使用，更需要以词组形式学习，以提高表达的准确性和流利性。

### (三) 语法

语法是语言的骨架，它规定了词与词之间的组合方式和句子结构。掌握语法对于理解复杂句子、构建正确句子以及进行准确表达至关重要。外语学习者需要通过系统的语法学习，了解目标语言的语法规则，并通过大量练习加以巩固。

## 二、文化内涵

语言是文化的载体，外语学习不仅仅是语言形式的学习，还是文化内涵的学习。了解目标语言的文化背景、社会习俗、历史传统等，有助于学习者更深入地理解语言，提高跨文化交际能力。

### (一) 文化背景

文化背景是外语学习的重要组成部分。了解目标语言的文化背景，包括地理环境、历史发展、社会制度等，有助于学习者理解语言中的文化内涵和隐含意义。例如，了解英国的君主立宪制和美国的三权分立制度，有助于理解两国在政治语言上的差异。

### (二) 社会习俗

社会习俗是人们在日常生活中形成的共同行为规范和习惯。了解目标语言的社会习俗，如礼仪、节日、饮食等，有助于学习者在跨文化交际中避免误解和冲突。例如，了解欧美国家的餐桌礼仪和节日习俗，有助于学习者在与外国人交往时更加得体和自信。

### (三) 历史传统

历史传统是文化的重要组成部分，它反映了一个民族或国家的过去和现在。了解目标语言的历史传统，有助于学习者理解语言中的历史渊源和文化内涵。例如，了解古希腊罗马文化对欧洲语言和文化的影响，有助于学习者更好地理解英语、法语等欧洲语言中的许多词汇和表达方式。

## 三、学习策略

学习策略是外语学习者在学习过程中采用的方法和技巧，它们对于提高学习效果和自主学习能力至关重要。

## （一）自主学习

自主学习是外语学习的重要策略之一。它要求学习者具备积极的态度、能力和环境支持。自主学习者能够自己设计并实施个人学习计划，积极管理自己的学习行为，并在学习过程中不断探索适合自己的学习途径。为了培养学生的自主学习能力，教师可以采取多种策略，如提供丰富的学习资源、设置明确的学习目标、鼓励学生参与课堂讨论等。

## （二）合作学习

合作学习是另一种有效的外语学习策略。它强调学习者之间的互动和合作，通过小组讨论、角色扮演等活动促进语言交流和理解。合作学习不仅有助于提高学习者的语言运用能力，还能培养他们的团队合作精神和社交技能。为了实施合作学习策略，教师可以根据学生的学习水平和兴趣进行分组，并提供适当的指导和支持。

## （三）策略训练

策略训练是指教师指导学生在学习和使用语言过程中根据需要有效地运用策略的活动。这种训练包括介绍学习策略、演示新方法、练习新策略以及评价学习效果等步骤。通过策略训练，学习者可以掌握更多的学习策略和方法，并在实际学习中灵活运用这些策略来提高学习效果。

## 四、环境因素

环境因素是影响外语学习效果的重要因素之一。它包括社会环境、学校环境以及技术环境等多个方面。

## （一）社会环境

社会环境是指学习者所处的社会文化背景和语言环境。一个有利于外语学习的社会环境可以为学习者提供更多的语言输入和实践机会。例如，在双语或多语环境中生活的学习者更容易接触到不同的语言和文化信息，从而提高学习效果。此外，社会对外语学习的重视和支持程度也会影响学习者的学习动力和效果。

### (二) 学校环境

学校环境是外语学习的重要场所之一。一个优质的学校环境可以为学习者提供良好的学习资源和师资力量支持。例如，学校可以配备先进的教学设备和丰富的图书资料供学习者使用；同时聘请经验丰富的外语教师为学习者提供高质量的授课和指导。此外，学校还可以通过组织各种外语活动、竞赛和交流项目，为学习者创造更多的语言实践机会和跨文化交际体验。

### (三) 技术环境

随着科技的飞速发展，技术环境在外语学习中的作用日益凸显。现代技术为外语学习提供了丰富的资源和便捷的工具，如在线课程、学习软件、电子书籍、语言学习软件、社交媒体等。这些技术工具不仅能够帮助学习者随时随地获取学习资料，还能通过互动性和个性化的学习方式提高学习效果。例如，通过在线课程和学习软件，学习者可以根据自己的学习进度和需求进行个性化学习；通过社交媒体，学习者可以与来自不同国家的朋友进行语言交流和文化分享，拓宽自己的视野和交际圈。

## 五、学习者个人因素

学习者个人因素是影响外语学习效果的关键因素之一。它包括学习动机、学习态度、学习风格以及个人能力等多个方面。

### (一) 学习动机

学习动机是推动学习者进行外语学习的内部动力。强烈的学习动机可以激发学习者的学习兴趣和积极性，使他们在学习过程中保持持久的热情和动力。为了激发学习者的学习动机，教师可以采用多种方法，如设置明确的学习目标、提供有趣的学习内容、给予及时的反馈和鼓励等。同时，学习者自身也应树立明确的学习目标，认识到外语学习的重要性和价值，从而增强自己的学习动力。

### (二)学习态度

学习态度是学习者对外语学习的认识和情感反应。积极的学习态度有助于学习者克服学习中的困难和挫折，保持持续性和稳定性。为了培养积极的学习态度，学习者应树立信心，相信自己能够掌握外语；同时保持耐心和毅力，不怕困难和失败；还应保持开放的心态，愿意尝试新的学习方法和策略。

### (三)学习风格

学习风格是学习者在学习过程中形成的独特方式和习惯。不同的学习者具有不同的学习风格，如视觉型、听觉型、动觉型等。了解自己的学习风格有助于学习者选择适合自己的学习方法和策略，从而提高学习效果。例如，视觉型学习者可以通过图表、图片等视觉材料进行学习；听觉型学习者可以通过听力练习和口语交流来提高语言能力；动觉型学习者则可以通过角色扮演、模拟情境等实践活动来加深理解和记忆。

### (四)个人能力

个人能力是外语学习的基础和保障。它包括认知能力、记忆能力、语言感知能力等多个方面。良好的个人能力有助于学习者更好地理解和运用外语知识。为了提高个人能力，学习者可以通过多种途径进行锻炼和提升，如阅读、写作、听力训练等。同时，保持健康的生活习惯和积极的心态也是提高个人能力的重要方式。

外语学习涉及多个学习对象。语言形式包括单独的字词、词组、语法等；文化内涵是外语学习的重要内容，了解目标语言的文化背景、社会习俗和历史传统有助于学习者更深入地理解语言；学习策略对于提高学习效果和自主学习能力至关重要；环境因素是影响外语学习效果的重要因素之一，包括社会环境、学校环境和技术环境等多个方面；学习者个人因素则是影响外语学习效果的关键因素之一，包括学习动机、学习态度、学习风格和个人能力等多个方面。为了取得良好的外语学习效果，学习者应充分利用这些学习对象和资源，制订合理的学习计划和方法，保持积极的学习态度和动力，不断提高自己的语言能力和跨文化交际能力。

# 第三节  外语学习策略

长期以来，教育研究领域以教师为出发点的教学研究，已经逐渐转向了学生。20世纪60年代，美国的布鲁姆提出了典型的以教师为中心的理论模式。在他看来，学生学习成绩的好坏几乎完全由教师决定。20世纪70年代，澳大利亚的比格斯提出了以学生为中心的理论模式。他认为，只有当学生积极想学而又懂得怎样学习时，才可能有理想的学习效果。随着整个教育观念的更新，外语教学研究的重点也由教师转向了学生。1975年，鲁宾率先描述了外语学习成功者的共性特点以后，研究者们纷纷从学生的角度探讨影响外语学习成绩的各种因素。自20世纪80年代中期以来，国内也出现了一些相同类型的研究。外语学习策略研究将出发点放在学生身上，就是从学生的学习心理出发，即从研究学生如何学开始，探讨外语学习的规律。这正是通过对外语学习过程本身的研究，进而探索外语学习规律的路子。

## 一、学习策略的含义

国内外的心理学家、应用语言学家和外语教学法家从不同的角度对外语学习策略进行了不同的界定。其中的分歧主要包括三个方面：一是外语学习策略是否同时包括可观察的外部行为和不可观察的心理过程；二是外语学习策略是否既包括有意识的心理活动和言语行为又包括下意识的心理活动和言语行为；三是外语学习策略是否既包括对外语学习直接产生影响的策略又包括对外语学习间接产生影响的学习策略。综合各方面的研究成果，可以认为，以上所述的各个方面都应包括在外语学习策略的范围之内。因此可以说，外语学习策略是指学习者为了更有效地学习和使用外语而做出的各种选择和采取的策略，它既包括学习者的心理过程，也包括其具体行动。

## 二、外语学习策略的分类

在语言习得研究中，该部分内容一般称为"学习者策略"。对于其分类，由于分类的依据和标准不同，一直存在着不同的见解。文登和鲁宾把学习策略归结为学习者策略的三个策略之一，即学习策略、交际策略和社交策略。

其实，不论是学习策略，还是学习者策略，都是指学习者在学习过程中为获取学习机会、解决学习中的问题和巩固学习成果所采用的种种对策。我们可以把两者结合起来，统称为学习策略。因为学生运用学习策略的目的就是实现运用外语进行交际，因而也就包括了交际策略和社交策略。综合近年来的研究成果，外语学习策略可分为以下四类：

### （一）元认知策略（协调策略）

即关于认知过程的认识和通过计划、监控和评价等方法对认知过程进行调控或进行自我控制。运用元认知策略，就能更好地认识、运用并调控其他学习策略。一个富有元认知知识的学习者，能监督、控制和判断自己的思维过程，能对解决问题的满意程度进行评估。这些都跟计划、监控和调节等元认知策略有关。如明确自己学习外语的目标；明确自己的学习需要；根据需要制订学习计划；善于创造和把握学习机会；积极参与课内外学习活动；探索有效的学习方法；了解自己在学习中的进步；总结学习的成功经验；学习中遇到困难时知道如何获得帮助；与教师或同学交流学习体会和经验；反思学习效果欠佳的原因等，都属于元认知策略。现举两例如下：

第一，制订计划。制订计划包括制订自学计划和课程学习计划。自学计划用于指导学习者的业余学习，课程学习计划用于指导学习者的课程学习。以自学计划为例。学者文秋芳的研究发现，外语学习成功者与不成功者在自学计划上的主要差别在于：前者的计划比较完整、具体，包括了"做什么（what）""什么时候做（when）""怎么做（how）""为什么这样做（why）"等内容，而后者的计划大部分只有"做什么"，而没有其他三方面的内容。

关于课程计划，成功者与不成功者的差异在于：前者自我意识程度比较高，能积极思考教师布置某项家庭作业的目的，主动安排时间，认真选择方法；后者往往处于比较盲目的状态，对于目的、方法及时间的安排似乎没有过多的考虑，只是被动地完成老师布置的作业。

第二，自我评价。自我评价是管理策略的核心，没有自我评价就谈不上对学习活动的管理。自我评价可包括以下三个方面：

一是测评学习的进步。有定期测评和日常测评两种。定期测评常常是在期中和期末考试后对自己的学习进行全面评价；日常测评没有固定的时间，可根据情况随时进行。前者可通过试卷分析进行。进行试卷分析时，第一要看在答卷中自己的强项和弱项分别是什么。第二要分析原因，对每一道题都要认真分析，如时态填空题或介词、副词填空题为何没有做好等。第三要考虑补救措施。日常测评主要靠学习者的敏感性。如连续几次阅读练习没有做好，敏感的学生就会警惕起来。在分析原因的同时要采取相应的措施进行补救。敏感性差的学生往往会不介意，直到成绩出现滑坡时才大吃一惊。

二是检验策略的成效。检验策略的成效就是对所用的策略进行反思，看是否有利于自己的学习。如果发现某个策略成效不高，就要探究其中的原因。可能有多种原因，如或者因为使用该策略的时间还不够长，或者因为操作方法有问题，或者因为策略选择不当。解决的方法分别是：增加使用策略的时间；对没有产生作用的步骤进行调整和根据自己的认知特点或环境因素重新选择其他策略。

三是监控学习行为。主要指学习者要有意识地发现自己的错误并进行纠正。学习中犯错误是难免的，但应尽量争取不犯或少犯错误。学习者在听、说、读、写时都应尽量注意用学过的语言规则进行监控，并采取适当的措施纠正错误。

## （二）认知策略

即学习者赖以获得知识和概念的大脑思维活动，如观察、注意、记忆、想象、类比、分析、推理、判断和概念化等。如在课堂上集中注意力；善于做课堂笔记；遵循记忆规律，提高记忆效果；把新旧知识联系起来；根据需要进行预习；注意观察、分析和归纳，发现语言的规律；对所学习的单词进行分类；区分消极词汇和积极词汇；在学习中善于借助视觉提示等非语言信息；借助语境学习词汇借助联想把相关知识联系起来；使用工具书查找信息；通过图书馆和网络等资源获得信息；对所获得的信息进行有效的分类和储存；利用推理和归纳等逻辑手段等都是认知策略。

现举一例如下：学会使用字典。字典能提供多方面的信息，其中包括词义、发音、词类、词的搭配、例句、文体（正式文体或非正式文体）、褒义词、贬义词、同义词、反义词等。充分利用字典提供的信息，就会较全面地掌握一个词的用法。在外语学习的初级阶段，可以较多地使用英汉字典，但到了中、高级阶段，如果仅使用英汉字典，就会妨碍自己的进步，因为英双两种语言并不是机械的一一对应关系。有时，只读字典中中文的解释，不能准确地理解原文。另外，多用英英字典、英汉字典会使我们养成用英语思维的习惯。在中学阶段，每个学生都应在教师的指导下，准备一本适合于自己的英汉字典和英汉双解字典。

字典在外语学习中有很重要的作用。但是，也不是一遇到生词难句就非查字典不可，我们还要利用一些其他的方法。如在阅读的时候，我们可以运用猜测词义、跳过生词、利用构词法知识和逻辑推理等。

### （三）情感策略

即学习者在外语学习过程中控制和调整自己的兴趣、态度、动机、信心和意志等情感因素的策略。如树立学习外语的信心；培养学习外语的积极态度；认识外语学习的意义；善于发现外语学习中的乐趣；在外语学习中克服害羞和焦虑心理；使用外语时不怕犯错误；注意并调整自己在外语学习中的情绪；理解他人的情感；乐于向其他学生提供帮助；等等，都属于情感策略。

使用外语时不要怕犯错误：毫无疑问，学习外语，到头来要掌握正确的外语形式。但这并不意味着在外语学习中，在使用外语时，不能犯错误。细想一下，学习者在学习外语的过程中犯错误是很自然的事情。在不太好的环境中学会一门外语确实不容易。在这个过程中能不犯错误吗？从另一方面讲，一个外语学习者也正是在不断犯错误又不断改正错误中前进的。事实证明，那些怕犯错误的学习者到头来讲不出或写不出好的外语，倒是那些不怕犯错误的学习者却能练就一口流利的外语或写出好的外语文章。因此，特别是在使用外语中，外语学习者不能怕犯错误。

然而，使用外语过程中不怕犯错误并不意味着错误越多越好。学习外语归根到底，还是要学会用正确的形式进行表达。一个成功的外语学习者到头来不可能是一个满口错误或满篇错误的人。因此，在有些时候，如在强调准确表达的时候，无论教师或学生都是不能含糊的。如果学习者意识到了自己的错误，就要迅速纠正。教师也要在适当的时候纠正学生的错误。这有以下三种情况：一是一些由于练习不足而造成的错误，如主语是第三人称单数时，其谓语动词要在词尾加"s"，要靠加强练习，反复运用去解决。二是一些由于受母语影响而出现的错误，要靠对比分析来纠正。三是一些由于知识不够而犯的错误，除了可由教师在必要的时候告诉学生外，随着学习者外语水平的不断提高，会自然消失。

### （四）交际策略

即学习者为维持交际、提高交际效果以及争取更多交际机会所采取的各种策略。这一定义是广义的，它实际上包括了交际策略和社交策略两方面。如果只从维持交际方面讲，按某些语言学家的观点，交际策略是交际能力的一部分，指学习者对无法表达的计划的替代或为了更好地理解别人所采取的措施。如善于创造机会使用外语；借助手势、表情及语调的变化等手段提高交际效果；在交际中注意遵守交际习俗；交际遇到困难时设法继续交际；积极与同学合作等都属于广义上的交际策略。

### 三、外语学习策略的调整

外语学习策略具有动态性。也就是说，学习者应根据自己外语水平的不断提高和学习内容的变化而不断对学习策略进行调整。同时，由于学习者的个人特征和学习环境的不同，同一学习策略也不可能适用于所有的人。

发音上的基本技巧和口语技能的形成是外语学习的初级阶段的两大难点，学习者必须对此高度重视。另外，记忆单词也是学习之初让外语学习者头疼的事情。随着学习内容的加深，句法也成为困难。对有些学习者来说，不敢大胆开口与人交流也可能成为学习上的拦路虎。

变换学习策略的原因还在于：在不同的学习阶段有不同的侧重点。尽管在外语教学的始终应当对学习者进行听说读写的全面训练，但在不同的学习阶段还是要有所侧重的。一般来说，在初级阶段应侧重听说，在高级阶段应侧重读写。这样，外语学习者就要及时注意调整自己的学习策略。

调整学习策略要注意两点：一是要注意适度，二是要注意前馈信息和反馈信息的结合。所谓"适度"，就是不要走极端。比如说语言的准确性和流利程度的关系问题就是这样。我们应当全面地看待这一问题。一般地说，口语中应当更注意流利性，而书面语对准确性应要求更高一些。在学习的初级阶段应该强调语言形式的准确性，而在高级阶段就应该增加对语言流利程度的要求。所谓前馈信息，就是学习者应该达到的目标；所谓反馈信息是别人对学习者学习的评价。把这两方面结合起来才是学习者调整学习策略的依据。

# 第四节 外语教学方法

## 一、直接教学法

直接法产生于19世纪90年代，是通过运用外语本身进行教学的方法，也叫自然法或口语法，代表人物是德国外语教学法专家贝立兹和英国语言学家帕默。贝立兹主张力求在外语教学中创造与儿童习得母语的自然环境相仿的环境，并采用与儿童习得母语的自然方法相一致的方法。帕默认为语言是一种习惯，学习一种语言就是培养一种新的习惯，习惯是靠反复使用形成的。自然法是对儿童学习母语的自然过程的模仿，主张把外语和它所表达的事物直接联系起来，在教学中只用外语，排斥母语，通过各种直观手段直接学习，直接理解，直接运用。

### （一）直接法的原则

1. 直接联系

直接联系是建立语言与客体之间的直接联系。该原则强调使每一个词语同它所代表的事物或意义直接联系，不经过母语翻译。通过这种方式，学习者可以尽可能排除母语干扰，尽快丢掉"心译"这条拐棍，培养外语思维能力。为了让学习者在语言与客体之间建立直接联系，在授课过程中，对于具体的事物，直接法主张借助于大量的实物、图片、手势、表情、动作传达意思；对于抽象概念，直接法主张通过联想的方法，化抽象为具体，加深学习者对外语的理解。

2. 句本位原则

直接法极力反对语法翻译法中先孤立地学习单词和语法规则，然后按语法规则拼凑单词进行表达的外语学习方式，主张学习外语应该像幼儿学习语言那样，以句子为单位，整句学、整句用。直接法大量运用师生之间的问答教学模式，让学习者大量模仿、重复外语句型，养成习惯，达到自动化地步。学生同时学到了单词、语法，以及自然、纯正的语音语调。

3. 语法归纳原则

在直接法中，学习者首先通过模仿教师，掌握外语语言材料，在此基础上以积累的感性语言材料总结归纳出语法规则，并以此指导以后的学习。这与传统语法翻译教学法中的演绎法截然不同。后者主张先学习语法规则，然后通过例句巩固对语法规则的理解。

直接法以口语为基础原则，主张外语学习应该从口语、声音开始，而不是从书面的文字符号入手。口语教学是入门阶段的主要手段和目的。学习内容少而精，主要为当代通用语言是生活中最常用、最实用的语言材料，而不是文学名著中典雅、过时的语言。

**（二）直接法的特点**

第一，完全用外语进行教学，通过外语和实物直接建立联系。教师按照儿童掌握母语的过程，使用外语进行教学，并广泛使用实物、图画、动作、手势、表情和游戏等直观手段解释词义和句子，以培养学生掌握把外语与客观事物直接建立联系和直接用外语思维的能力。在课堂教学中尽量创造一个与儿童学习母语相近的环境，使学生能够自然习得，提高外语的流利程度和运用外语进行交流的能力。

第二，强调模仿，养成习惯。初级阶段不进行系统的语法教学，与儿童学习母语的方法一样，让学生靠直觉感知，主要通过直觉模仿、机械操练和记忆背诵掌握外语，并养成习惯。

第三，听说领先。直接法主张有声语言是第一性的，书面语言是第二性的。要重视语音、语调和口语教学，在学习口语的基础之上培养读写能力。外语教学要从口语入手，设置一个不接触文字的听说阶段。口语训练是外语教学的目标，也是外语教学的主要方法，强调以口语为基础，在大量的语言实践中，培养学生听、说、读、写的熟练技巧。在起始阶段应有一个以听力理解为主要活动的沉默阶段，不必要求学生过早地进行表达活动，外语教学应呈现循序渐进的过程。

第四，以句子为教学的基本单位。句子是表达思想的基本单位，因此外语教学也应以句子为单位，整句学，整句用，不要孤立地教授单词和语音规则。这样能加强学习外语的意义，学生可以减少孤立地进行语音、语法、词汇练习的机械性操练。

第五，最大限度地扩大学生的语言输入，语言输入必须是自然的、可理解的。

第六，教师应尽量使用外语，但学生可以使用母语。在口头活动中教师不必给学生纠错，要给他们营造一种轻松愉快的学习气氛，以增强学生的信心，消除学生的焦虑。

### （三）直接法的优点

第一，重视语音、语调和口语教学，有利于培养学生的听说能力。

第二，充分利用直观教具，促进学生调动多种感官习得外语，使形象与语义直接建立联系，有利于活跃课堂气氛，激发学生的学习兴趣，培养学生用外语直接思维、记忆、表达的习惯。

第三，注重模仿、朗读的语言实践练习，有助于培养学生的语言熟练技巧和语言习惯。

第四，重视以句子为单位进行外语教学，有利于培养学生直接运用外语的能力。

## 二、听说教学法

在当今全球化的时代，外语作为一种国际通用语言，其重要性不言而喻。然而，如何有效地提高外语听说能力，一直是外语教学领域的热点问题。外语听说教学法作为一种重要的教学方法，旨在通过听力训练和口语实践，提高学生的外语听说能力。

### （一）外语听说教学法的理论基础

1. 语言学基础

外语听说教学法的语言学基础主要来自结构主义语言学和功能主义语言学。结构主义语言学强调语言的结构性，认为语言是由一系列的语言单位（如音素、词素、词汇、句子等）按照特定的规则组成的系统。在听说教学法中，这种结构性体现在语言材料的组织和教学顺序上，即按照从简单到复杂、从基础到高级的顺序进行教学。同时，结构主义语言学也强调语言的可分析性和可教性，这为听说教学法提供了坚实的语言学依据。

功能主义语言学则注重语言的社会交际功能，认为语言是人们进行社会交际的重要工具。这一理念体现在注重培养学生的实际交际能力上。通过大量的听说实践，学生能够在真实的语境中运用语言，实现有效的交际。

2. 心理学基础

外语听说教学法的心理学基础主要来自行为主义心理学和认知心理学。行为主义心理学强调刺激与反应之间的联系，认为学习是通过模仿和强化来形成的。这一理论体现在通过大量的模仿和重复来培养学生的语言习惯。教师为学生提供正确的语言输入，学生通过模仿和重复来掌握语言形式，进而形成自己的语言习惯。同时，教师还会对学生的表现进行及时的反馈和强化，以鼓励学生继续进步。

认知心理学则强调学习者的内在认知过程，认为学习是学习者主动构建知识的过程。这一理论体现在注重培养学生的语言感知能力和思维能力上。教师通过设计各种教学活动，如角色扮演、小组讨论等，引导学生积极参与语言实践，主动构建自己的语言知识体系。

3. 教育学基础

外语听说教学法的教育学基础主要来自实用主义教育思想和交际教学法。实用主义教育思想强调教育的实用性和实践性，认为教育应该与生活实际相结合，培养学生的实际能力。这一思想体现在注重培养学生的实际交际能力上，通过大量的听说实践来提高学生的语言应用能力。

交际教学法则注重培养学生的交际能力，认为语言学习的最终目的是实现有效的交际。这一理念体现在注重培养学生的语言交际能力和跨文化交际能力上。教师通过设计各种真实的交际场景，让学生在真实的语境中进行语言实践，提高学生的交际能力和跨文化交际能力。

### （二）外语听说教学法的实践应用

1. 听力训练

听力训练是外语听说教学法的重要组成部分。教师可以通过播放录音、电影、电视剧等音频材料，让学生听懂不同的口音、语速和语调，同时要求他们记录关键信息。此外，教师还可以设计各种听力练习，如听力填空、听力选择等，以检验学生的听力理解能力。通过大量的听力训练，学生可以逐渐提高自己的外语听力水平。

2. 口语实践

口语实践是外语听说教学法的另一个重要环节。教师可以通过组织学生进行对话、讨论、演讲等活动，让学生在真实的语言环境中进行口语练习。在口语实践中，教师应该注重引导学生使用外语进行思维，培养他们的语言感知能力。同时，教师还应该关注学生的发音、语调等问题，及时给予纠正和指导。通过反复的口语实践，学生可以逐渐提高自己的外语口语表达能力。

### （三）外语听说教学法的创新

1. 情境教学法的引入

情境教学法是一种注重实际情境的教学方法，它可以有效地激发学生的学习兴趣和学习动力。在外语听说教学中，教师可以运用情境教学法，设计各种真实的语言场景，让学生在情境中进行听说练习。例如，教师可以模拟餐厅点餐、机场登机、旅行问路等场景，让学生在这些场景中进行角色扮演和对话练习。通过这种方式，学生可以更加深入地理解语言知识，提高外语听说能力。

2. 海量数据库的利用

随着信息技术的不断发展，海量的外语教学资源数据库成为可能。教师可以利用这些数据库，搜集与教学内容相关的音频、视频等多媒体资源，为外语听说教学提供丰富的教学素材。同时，教师还可以通过网络平台，与学生进行实时互动和交流，及时了解学生的学习情况并给予指导。海量数据库的利用不仅可以丰富教学内容，还可以提高教学效率和质量。

3. 人机反馈机制的运用

人机反馈机制是一种利用计算机技术对学生的学习过程进行监控和评估的机制。教师可以运用人机反馈机制，对学生的发音、语调等口语表达进行实时评估和纠正。通过人机反馈机制，学生可以更加清晰地了解自己的发音问题并及时改进。同时，教师也可以根据人机反馈机制提供的数据，了解学生的学习情况和进步情况，以便及时调整教学策略和方法。

总之，外语听说教学法是一种注重实践、强调模仿的教学方法，它通过听力训练和口语实践来提高学生的外语听说能力。在实际应用中，教师可以通过引入情境教学法、利用海量数据库和人机反馈机制等方式来创新和发展外语听说教学法。这些创新方法不仅可以激发学生的学习兴趣和学习动力，还可以提高教学效率和质量，为外语教学的发展提供有益的参考。

## 三、交际教学法

交际教学法是以社会语言学理论、心理语言学理论为基础，以交际功能为大纲，以交际能力培养为目标的教学法体系。它以培养学习者的语言交际能力为目标，强调交际过程，如在不同的场合下恰当地使用语言，运用语言执行各项任务，如解决难题、获得信息、人际交往等。在交际型教学模式中，教师和学生的注意力应当放在怎样利用语言作为介质以实现交际目的、完成交际任务上，而不是只关注所述句子的结构是否完全正确。总之，交际型教学法将语言的结构与功能结合起来，要求教师不仅培养学生听、说、读、写等方面的语言技能，还要教会学生如何将这些语言技能灵活地运用到外语交际中去。

### （一）交际型教学法的原则

1. 以学生为主体原则

交际型教学法强调交际，强调对学生交际能力的培养，学生必然是课堂的中心和主体，教师要鼓励学生积极主动地参与各种课堂活动与实践活动。在这里，教师主要有两个方面的职责：一是教师要为学生营造一种轻松和谐的课堂氛围，让学生将课堂变成没有压力的语言实践场所；二是教师要有意识地调动学生的主观能动性，从预习到课堂实践、课后复习，每个环节都应该让学生自己去思考、发现问题并自己动手去解决问题。

此外，以学生为中心不仅体现在教师与学生角色的变化上，还体现在教材内容的选择上。这对外语教师来说是一个挑战，他们必须充分了解学生的不同学习需求与学习动机，根据学生的不同需要来选择具有针对性的教材。必要的时候教师还可以自己选择或推荐一些教学材料给学生。

2. 以意义为中心原则

在交际型教学法中，尤其要强调以意义为中心，这是因为无论是用母语还是用外语与他人交流，人们首先关注的是意义的传达，而不是追究语法有没有错误。从这点来看，交际型教学法与传统的教学模式存在明显的区别。一般来说，教师在课堂上比较重视结构主义的教学方法，即将句子的词汇、语法、结构等作为重点来授课。

事实上，这正是很多学生学了多年外语却在真正的交际场所中不知所措的原因。在课堂上，学生基本上是为了学外语而学外语，他们说出的外语句子不是出于真正的交际目的，而只是为了证明他们对于语言形式的掌握，因此即使学了多年外语，他们也不一定能说出一句最基本的日常用语。也就是说，学生在课堂上学习的是语言形式的用法而不是语言的真正运用。

教师要摒弃处处挑学生语法错误的做法，应当高度容忍学生所犯的错误。教师应该明白，任何学习包括语言的学习，都是在不断的犯错中逐步进行并往好的方向发展的，如果学生能顺利地表达出自己的观点，教师就没必要纠正他们，只需帮助他们自己发现并纠正错误即可。需要指出的是，以意义为中心强调语言与当时情境的融合。任何对话都是发生在一定的时间、空间中的，有些信息只有交际的双方才能心领神会。当然，我们重视语言的意义绝不是说完全忽视语言的形式，毕竟语言形式作为语言的基础知识是学生必须正确掌握的。我们只是强调在交际型教学法的前提下，有意识地培养学生灵活运用语言、重视语言意义的意识。只有这样，学生才能做语言的主宰与支配者，而非语言的奴隶。

3. 以任务为指向原则

在语言教学过程中，如果教师为学生提供一定的交际活动或分配一定的任务，他们就会有机会使用所学的语言进行真实的交际，而学生在实践中进行语言交际能将语言学得更好。因此，在交际型教学中，不能局限于对语言本身的学习，或是将语言作为一门独立课程来学习，而应将语言的学习渗透到其他学科的学习任务中，将语言作为一个工具或介质来学习其他学科的知识。事实上，任务和交际是不可分割的，以任务为中心，学生之间可以有更多、更真实的交流，学生的积极性和主动性也会更强。

此外，由于任务往往有其具体的上下文，学生在任务活动的过程中无形中提高了语言运用能力。而且，以任务为中心还意味着将学生从呆板固定的课题中解放出来，在形式多样的课外活动与任务，如外语辩论、外语演讲、外语歌唱中，学生可以培养与发展自己对语言的运用与驾驭能力。

4. 真实性原则

真实性主要是指教学材料或教学大纲的本质，即教师在课堂上必须采用原文作品，不得是人为加工后的语言。也就是说，交际型教学法强调在（类似）真实的语言环境中学习和使用语言，这样才能有助于提高学生对语言的实际运用能力。

交际型教学法中的真实性具有以下两个方面的含义。

第一，强调教学内容的真实性。首先应使教学内容尽可能地贴近生活。因为一些书面体的语言在实际生活中人们很少使用，或者很难遇见，以这样的教学内容为基础的外语教学是不利于培养学生的语言交际能力的。为此，交际教学法创造了以任务为基础的语言活动、以解决问题为基础的语言活动和以专题为基础的语言活动，使学生围绕"任务""问题"或"题目"有目的地掌握语言功能，习得语言交际能力。

第二，强调教学环境的真实性和语言实践环节的模拟性。如何积极地创造语言交际环境，使学习者在交际活动中掌握使用语言的能力，则是体现交际性原则的一个重要方面。交际型教学模式离不开交际活动，教师和学生应共同营造真实的氛围，在教师指导或学生彼此交流中应使用真实语言，而不单纯是为了某个句型或语法的操练。

交际型教学法不仅要求学生使用真实语言，而且要求他们说出的话还必须具有创造性和不可预测性，即语言的形式要多样，不能仅为了证明对语言知识的掌握而使用语言。此外，交际活动的角色必须真实，教师要鼓励学生融入自身所扮演的情境角色中，让他们对交际存有愿望和期待。

### （二）交际型教学法的应用

1. 设计交际活动

在交际型教学法的课堂环境下，应设计强调语言功能特点的交际活动。这类活动的目的是鼓励学生尽可能依靠已经建立的目标语知识体系实现有效的交际，如解决问题或交换信息。具有功能交际特征的活动主要包括以下几类。

2. 描述活动

描述活动是指教师让学生对具体的事物或事件进行描述，目的是促使学生学会如何以段落的形式运用和理解目标语。例如，教师可以要求学生描述自己所处的城市、所在的校园、经历的趣事等。描述活动产生的另一个积极结果是它可以锻炼学生的逻辑思维与组织能力，这可以帮助学生更好地进行交际。

3. 猜词活动

学生首先必须掌握句子本身并灵活运用，因为对句子的掌握和运用是培养学生交际能力的起点。教师可以借助于猜词活动来为学生提供口头使用外语的机会。具体操作方法是，教师首先要求某个学生站到黑板前，面向全班。然后，另一位学生将某一刚刚学会的单词写在黑板上，而这个单词必须是大多数学生所熟悉的。接下来，全班同学各自用外语解释黑板上的单词，并请那位站在黑板前的学生猜出这个单词的拼法和意义。可以看出猜词活动或类似的任务活动是训练学生口语的有效途径。

4. 简短对话活动

交际能力发展在很大程度上取决于学习者进行简短对话、互通情感的能力，如对各种话题——天气、交通状况、赛事、度假等——的讨论。这些简短对话表面上看似毫无意义，但它们对创造社交氛围起着不可忽视的作用。

5. 评价交际能力

在设计完交际活动并由学生进行实践之后，便涉及对学生交际能力的评价。教师所设计的交际活动兼具功能特征与社会特征，相应地，对学生交际能力的评价也涉及功能因素与社会因素两个方面。当然，对功能与社会两种因素的评价不是截然分开的，而是统一地融入对学生总体交际能力的评价中。

6. 对运用目标语得体性的评价

首先，交际话题的选择决定了目标语文化背景知识所确定的得体性。在一种文化中被视为个人隐私的话题在另一种文化中可能被认为是可以公开讨论的话题。例如，在中国人看来常见的一些话题等却是不被外国人接受的。如果一个中国人问一个外国人 Are you married？（你结婚了吗？）How old are you？（你多大了？）Where are you going？（你去哪儿？）等，就会被视为违反了英美文化中的言语行为准则。

其次，对目标语的使用是否恰当主要与交际者之间的关系以及当时所发生交际的语境有关。例如，Whats your name？（你叫什么名字？）的表达形式虽然没有错误，但并不能用于打电话时询问对方的身份，而采用 May I know who is calling？（我怎么称呼您？）的表达方式才算得体。

7. 对文化背景知识掌握的评价

在培养学生的交际能力时，一定不能缺少对目标语文化背景知识的掌握。它有助于学生掌握语言运用的得体性。一种语言表达方式是否得体，是由该语言的本族语者所共有的社会文化习俗决定的。因而，学生在交际过程中应注意学习并掌握这些文化规则。

教师在考查和评价学生对文化背景知识的掌握时，可以将带有文化误解的交际场景呈现给学生。这些文化误解极有可能导致本族语者产生负面情绪，而教师可以让学生判断并指出问题所在并加以纠正。在这个过程中，教师可以观察并判断学生对该文化规则的掌握程度，并及时提供启发性知识，引导学生了解和掌握目标语文化语境下的社会交往知识与技巧。同时，教师还可以对目标语文化与母语文化加以比较，这样既可以巩固学生对母语文化的掌握，也有利于在目标语文化与母语文化之间形成一个健康的平衡状态，帮助学生在以后更好地进行交际。

这几个方面的评价是相互联系、缺一不可的。只有对这三个方面都有所掌握，才能有助于培养学生的文化得体意识，而这恰恰是交际能力的重要组成部分。

## 四、任务教学法

任务教学法，也称为任务型教学法，是交际法在 20 世纪 80 年代的新发展。这种教学方法以学生为中心，强调通过完成具体的、带有明确目标的任务来学习语言。

## （一）任务教学法的原则

1. 教学任务要真实，贴近现实生活

学生走进课堂，学习知识是其最重要的本职工作。大学教育的宗旨应该是既为学生服务，又为社会培养高素质的人才。因此，高校外语教师应该尽力使教学任务贴近生活、贴近实际，积极把日常生活和工作中需要应付和解决的事情纳入教学任务之中，让学生真真切切地感受到其所学到的外语语言知识能够学以致用，这种现实感会极大地激发学生学习外语的积极性，同时也能够提升他们的自信心，进而提高学生学习外语的自觉性和主动性。

2. 任务梯度原则和合作原则

任务教学法认为，任务的设计应该遵循任务梯度以及合作原则。教学任务的安排应遵循由简到繁，由易到难，由低级到高级的原则。外语教师在设定某一项教学任务时，要根据学生的知识结构水平进行设计。同时，教学任务的难度要适中，以让每位学生均能够完成。此外，在设计教学任务时，教师需要组织学生进行合作交流学习，共同协调完成学习任务。

例如，教师可以引导学生根据某一单元的主题选择一个学习项目，学生可以采取开展访问、调查问卷、报刊阅读、上网检索图片、汇总中英文信息等多种方法去开展与课程相关的学习过程，并在学习过程当中学会如何对材料进行分析、整理与综合。最后，教师安排学生以小组为单位把书面报告交给自己审阅，或者利用海报、幻灯片、宣传册子等传播媒介向班上的同学汇报自己的学习成果，该种梯级任务法不仅增强了学生的信心，还可以激发学生自觉学习外语的兴趣。同时，通过合作式学习的使用，学生能够很好地提高自己的交际能力和合作能力，培养自己的沟通与交流技巧。

3. 层次性原则

根据大学生彼此之间的差异性，层次性原则主要体现在以下两个方面。

第一，数量上的层次性，任务量要适中，任务不足会造成学生盲目乐观，任务过多又使学生产生挫败感。

第二，难度上的层次性，将任务分为基础和提高两个部分，确保大部分学生通过完成教学任务有所收获。学有余力的学生可以继续完成提高任务，以提升自身的能力。

4.语言、情境的真实性原则

知识来源于生活，真实性原则就是要求在高校外语教学中，教学任务的设计要贴近日常生活，创造真实的情境。语言和情境的真实性是任务教学法的关键所在，只有语言、情境贴近真实，学生才能学到在实际生活中最平常的用语。同时，也只有这样才能使得外语语言的使用具有真实性。外语教师在设计教学任务时，要尽可能地为学生掌握语言提供真实的环境。通过布置与学生的学习和生活相关的真实环境与任务，以此激发学生学习外语的热情和兴趣。

**（二）任务教学法的特点**

1. 主体性

任务教学法的主体性特点体现为：高校外语教学过程中，任务主要由学生个体或者是学生小组完成，教师在此过程中主要发挥引导者的角色。以"Happiness"一课的教学为例，笔者构建了前置性的学习任务：梳理并熟悉课文中的重点词汇、表达方式。这种前置性的学习任务，有助于明确学生的自主学习目标和方向，培养学生的课前预习习惯。同时，在课堂教学中，教师结合学生的前置性学习任务完成情况，可以轻松地把握其知识学习的薄弱点，更好地实现"以学定教"的外语教学目标。

2. 应用性

任务教学法中的"任务"是为全面提升学生的语用能力而设计的。如教师为全面提升学生的口语交际和表达能力，设计了以小组为单位的口语交际任务。学生分角色对话的过程亦是其语用能力提升的过程。与以讲授为主的教学模式相比，任务教学法应用性更强。也正因为任务教学法应用性强的特点，使得其成为教师教学改革创新的主要手段之一。

3. 综合性

任务教学法综合性较强，它可以兼容各种学习模式，也可以应用于各种教学场景。以高校外语教学为例，教师基于教学目标设计的任务，可以应用于不同的外语教学模块和教学环节。如前文提到的前置性外语学习任务，俗称"前任务"，应用于课前学习环节；除此之外，教师还可以设计课堂学习任务，亦可设置"后任务"，即巩固型任务。高校外语教师的任务设计还体现在不同学习模块，如词汇学习、口语交际训练、阅读理解等，教师可以应用任务教学法，以提高教学质量。

### (三) 任务教学法的应用对策

1. 以学生为主体，优化任务设计

高校外语任务教学法的应用，"任务"是核心和主线。因此，如何设计好学习任务，是教师应用任务教学法的重中之重。笔者认为，高校外语教师在教学准备环节，应当立足教学目标、教学内容等，本着"以学生为主体"的教学原则，精心设计学习任务。

比如在一节课的教学中，为了助推教学目标的实现，教师可以精心设计"前任务"、课堂任务和"后任务"。其中，"前任务"主要为预习型任务，通过设计学习任务单的形式，引领学生在课前熟悉课文、词汇，为确保课堂上能够快速理解和吸收教师的教学内容奠定基础；课堂任务以小组合作学习任务为主，主要包括思考讨论问题、阅读理解、口语交际和表达等，其主要目的是发挥学生的主观能动性，同时促进学生语用能力的提升；"后任务"以巩固学习为主，重点在于巩固外语基础知识，提高语言实践应用能力。

不同类型的学习任务旨在为实现教学目标服务。在设计任务的过程中，高校外语教师要立足课文内容，灵活设计多种类型的任务，激发学生参与教学和迎接挑战的愿望，为全面提升高校外语教学实效奠定基础。

2. 立足课堂，强化教师监督和引导

第一，检验前置性学习效果。构建任务型高校外语课堂，学生是任务实践的主体，但教师的监督、引导作用不可或缺。比如，为了引领学生更好地完成课堂学习任务，教师在课前要精心设置前置性学习任务单，重点引领学生学习、熟悉核心词汇、语句。同时，结合前置性学习任务单，学生需要熟读课文，能够简单翻译文本，为课堂上合作探究模式的构建奠定基础。为了激发学生的前置性学习动力，将本次任务型学习活动成果纳入学生的平时学习成绩（过程性评价）。

为了全面、充分地了解学生的前置性学习情况，教师可以将检验学生自主学习成果作为教学的第一个环节，以更好地实现"以学定教"的目标。通过检验，基于"任务"的导向性、驱动性作用，学生可以按照学习任务单的要求完成相应的前置性学习任务，基本完成基础词汇和语篇的学习，部分学生能够熟练地朗读课文。这一学习成果，就是任务型学习模式的价值和意义。

第二，以"任务"为主线优化外语课堂教学。任务型高校外语课堂教学模式的构建，要求教师在课堂以"任务"为主线开展教学活动。这样不仅有助于提高学生的课堂参与度，同时也有助于助推课堂教学目标的实现。

首先，问题导入。教学中，教师可以改变过去以讲授词汇、翻译语篇为主的教学模式，采用问题导入方式。课堂教学伊始，在检验学生自主学习成效的基础上，教师可以通过多媒体展示问题，并引领学生以小组形式进行讨论，小组讨论时间为5分钟。

其次，教师精讲，强化互动。部分学者在研究教学模式改革创新的过程中，对传统的"讲授"采取"一票否决"的态度。笔者认为，教学的改革创新并非完全否定传统的课堂教学，而是要学会取其精华、去其糟粕。以高校外语任务型教学模式的构建为例，教师的精准讲解，依然是课堂教学的"重头戏"。尤其是部分外语基础薄弱的学生，其对词汇、语篇内涵的解读，更多的是建立在教师的精讲基础之上。因此，在开展了阅读讨论活动之后，教学进入了极其关键的环节——教师精讲环节。如在语篇解读过程中，在讲解每一个段落之前，教师要求学生用一个词组或者是句子概括每段的中心思想。这一环节要求学生自主完成。

最后，开展口语交际活动。很多高校外语教师在教学中常常忽视学生口语交际能力的训练，从而导致学生口语输出能力较为欠缺。为了全面提高学生的语言应用能力，教师可以在文本精讲之后，构建四人一组的小组合作口语交际教学模式。

3. 后置学习任务，强基固本

在高校外语教学中构建任务型学习课堂，"任务"应当贯穿于整个教学始终。在具体的教学中，为了更好地强基固本，可以在后置性学习任务的设计中，除了基础巩固任务，精心设计讨论式学习任务：利用互联网、工具书等思考问题。有条件的学生，可以结合搜集的资料以及自己的想法等，形成全英文报告，在下节课，学生可以用口述的方式表达自己的观点，亦可制作PPT进行展示。

这一教学活动对于提高学有余力学生的外语综合素养有显著的推动作用。针对学生后置性学习任务的完成情况，教师依然采取过程性评价的方式，以提高学生完成任务的积极性和主动性。

高校外语教学中，教师单一的讲授式教学模式、学生薄弱的外语基础以及欠佳的学习态度，导致学生的课堂参与度不高，高校外语教学质量有待提升。在高校外语教学中应用任务教学法，对突破上述教学"瓶颈"具有积极的推动作用。

# 第五节　外语课堂教学

外语课堂教学是一个复杂而多维的过程，它涉及教学方法、教学策略、学生互动、技术应用等多个方面。

## 一、外语课堂教学的特点

### （一）多样性

外语课堂教学具有高度的多样性。这体现在教学内容、教学方法、学生需求等多个方面。不同的语言具有不同的语法规则、词汇体系和文化背景，因此教学内容需要针对不同语言的特点进行设计。同时，学生的语言水平、学习风格、兴趣爱好等也存在差异，要求教师能够采用多样化的教学方法来满足不同学生的需求。

### （二）实践性

外语课堂教学强调实践性。语言是一种交际工具，其最终目的是用于交流。因此，外语课堂教学应注重培养学生的语言运用能力，通过大量的听、说、读、写实践来提高学生的语言水平。教师需要通过模拟真实场景、组织小组讨论、角色扮演等活动来为学生提供实践机会，让学生在实践中掌握语言技能。

### (三) 互动性

外语课堂教学具有高度的互动性。这种互动性不仅体现在师生之间的互动上，还体现在生生之间的互动上。教师可以通过提问、讨论、反馈等方式与学生进行互动，了解学生的学习情况并及时调整教学策略。同时，学生之间也需要通过合作学习、小组讨论等方式进行互动，共同解决问题并分享学习成果。

## 二、外语课堂教学面临的挑战

### (一) 学生差异性大

外语课堂教学中，学生的语言水平、学习风格、兴趣爱好等存在较大差异。这给教师带来了很大的挑战。教师需要针对不同学生的需求进行教学设计，以满足每个学生的需求。然而，在实际教学中，由于时间、精力等资源有限，教师往往难以做到完全个性化教学。

### (二) 技术应用难度大

随着信息技术的发展，外语课堂教学逐渐融入了多媒体、网络等现代技术。然而，这些技术的应用也给教师带来了很大的挑战。教师需要掌握一定的技术知识，能够熟练操作各种教学设备和软件。同时，教师还需要根据教学内容和学生的需求选择合适的技术手段，以提高教学效果。由于技术更新速度快、操作复杂等原因，一些教师难以适应这种变化。

### (三) 教学资源有限

外语课堂教学需要丰富的教学资源来支持学生的学习。然而，由于教学资源有限，一些学校难以提供足够的教材、教辅资料、教学设备等资源来支持学生的学习。这导致学生在学习过程中缺乏必要的支持和帮助，影响了学习效果。

## 三、外语课堂教学的发展方向

### (一) 个性化教学

随着教育技术的不断发展，个性化教学将成为外语课堂教学的重要趋势。个性化教学能够根据学生的需求进行有针对性的教学设计，满足每个学生的需求。未来，外语课堂教学将更加注重学生的个体差异和学习需求，通过智能教学系统等技术手段实现个性化教学。

### (二) 混合式学习

混合式学习是将线上学习和线下学习相结合的一种教学模式。它将传统课堂教学的优势和网络学习的优势相结合，为学生提供更加丰富、灵活的学习方式。未来，外语课堂教学将更加注重混合式学习的应用，通过线上线下相结合的方式提高教学效果和学习体验。

### (三) 跨文化交际能力培养

随着全球化的深入发展，跨文化交际能力成为外语学习的重要目标之一。未来，外语课堂教学将更加注重培养学生的跨文化交际能力，通过介绍目标语言的文化背景、社会习俗等内容来增强学生的文化意识和跨文化交际能力。

### (四) 技术融合与创新

技术在外语课堂教学中的应用将越来越广泛和深入。未来，外语课堂教学将更加注重技术的融合与创新，通过引入人工智能、大数据等先进技术来优化教学过程、提高教学效果。例如，通过智能语音识别技术来纠正学生的发音、通过大数据分析来评估学生的学习情况等。

综上所述，外语课堂教学是一个复杂而多维的过程。它需要教师具备丰富的知识储备、灵活的教学方法、良好的教学素养以及不断学习和创新的精神。同时，随着教育技术的不断发展和全球化的深入推进，外语课堂教学也将面临更多的机遇和挑战。只有不断探索和实践新的教学方法和策略，才能不断提高外语课堂教学的质量和效果。

# 第五章 语言学理论与英语教学

## 第一节 语言学理论与英语词汇教学

英语词汇教学作为英语教育的基石，直接影响着学生的语言能力、交际能力和综合素质。语言学理论，尤其是认知语言学、语境理论等，为英语词汇教学提供了丰富的理论支撑和实践指导。

### 一、认知语言学与英语词汇教学

认知语言学是一门研究语言与认知关系的学科，它强调语言习得是通过人们对世界的感知和概念化而实现的。这一理论为英语词汇教学提供了新的视角和有效的方法。

#### (一) 词汇的语义与语境

认知语言学认为，词汇的意义并非孤立存在，而是与语境密切相关。在教学中，教师应注重提供丰富的语境，帮助学生理解词汇的深层意义和用法。例如，通过句子、段落乃至整篇文章的上下文，学生可以更好地理解词汇在具体语境中的功能和意义。这种教学方法不仅有助于学生记忆词汇，还能提高他们的阅读理解能力。

#### (二) 词汇的隐喻与转喻

隐喻和转喻是认知语言学中重要的概念，它们揭示了词汇意义扩展的方式。在教学中，教师可以通过教授隐喻和转喻，帮助学生理解词汇的引申意义和语境联想。例如，Life is a journey（生命是一场旅程）这一隐喻可以帮助学生将"生命"与"旅程"联系起来，从而更深刻地理解生命的含义和艰辛。通过这种方法，学生可以更加灵活地运用词汇，提高语言表达的丰富性和准确性。

### （三）词汇的组块与搭配

认知语言学还强调词汇的组块和搭配能力。教师可以通过教授固定搭配和句式，帮助学生掌握词汇的用法和提高其写作水平。例如，look forward to（期待）这一短语的教学，可以通过提供多个例句，让学生在理解和模仿中掌握其用法。这种方法不仅有助于学生记忆词汇，还能提高他们的语言表达能力和写作水平。

## 二、语境理论与英语词汇教学

语境理论强调词汇在不同的语境中有不同的意义和用法。将词汇教学与语境相结合，可以提高学生的词汇量和语言表达能力。

### （一）语境的分类与选择

语境可以分为语言语境和非语言语境。语言语境指单词所在的句子、段落等文本信息；非语言语境则包括文化背景、社会背景等。在教学中，教师应根据教学目标选择适合的语境。例如，对于水平较高的学生来说，可以选择一些较为复杂的语境，如英文原著、英文电影等，以帮助他们更好地理解和运用词汇。

### （二）语境的运用与效果

在运用语境进行词汇教学时，教师可以通过多种方式创设语境，如角色扮演、小组讨论、情景模拟等。这些活动可以让学生在模拟的真实语境中运用词汇，从而提高他们的语言运用能力。同时，教师还可以通过上下文线索引导学生猜测和推断生词的意义和用法，培养学生的词汇推断能力和自主学习能力。这种教学方法不仅能够增加学生的词汇量，还能提高他们的语言表达能力和阅读理解能力。

### 三、语言学理论对英语词汇教学的启示

#### (一) 注重词汇的深层意义和用法

传统的词汇教学往往只注重词汇的表面意义和机械记忆，而忽略了词汇的深层意义和用法。语言学理论提醒我们，词汇的意义是复杂的、多层次的，与语境密切相关。因此，教师应注重提供丰富的语境和例句，帮助学生理解词汇。

#### (二) 培养学生的词汇推断能力

语境理论强调不同的语境下词汇有不同的意义及用法。因此，在教学中，教师应注重培养学生的词汇推断能力。通过引导学生根据上下文线索猜测和推断生词的意义和用法，学生可以逐渐掌握这种技能并运用到实际的语言交际中。

#### (三) 多样化的教学方法和手段

语言学理论为英语词汇教学提供了多种教学方法和手段。教师应根据学生的实际情况和教学目标选择合适的方法和手段进行教学。例如，可以通过角色扮演、小组讨论、情景模拟等方式创设语境；可以通过隐喻、转喻等手法帮助学生理解词汇的深层意义；可以通过游戏、歌曲、电影等多种形式激发学生的学习兴趣和积极性。

总之，语言学理论为英语词汇教学提供了丰富的理论支撑和实践指导。通过认知语言学和语境理论的应用，教师可以帮助学生更好地理解和记忆词汇的意义和用法。

# 第二节　语言学理论与英语语法教学

语言学是研究人类语言的科学，它关注语言的性质、结构、功能以及语言与社会、文化、认知等方面的关系。语言学理论则是语言学家们对语言

现象进行解释和预测时所依据的一系列原则和假设。这些理论不仅揭示了语言的内在规律和特性，还为语言教学提供了坚实的理论基础。

## 一、语言学理论的主要流派

在语言学的发展历程中，涌现出了众多流派和理论，其中对英语语法教学影响较大的主要有结构主义语言学、功能主义语言学、认知语言学以及生成语法等。

### (一) 结构主义语言学

结构主义语言学强调语言是一个由符号组成的系统，这些符号按照一定的规则组合成句子和篇章。该流派认为，语言是由音位、语素、词、短语等语言单位按照层级结构组合而成的系统。这一理论对英语语法教学的贡献在于它强调了语法规则的重要性，提出了"刺激 - 反应"的教学模式，即通过大量的语言输入和练习来巩固学生的语法知识。然而，结构主义语言学也存在一定的局限性，如忽视了语言的交际功能和学生的个体差异。

在结构主义语言学的指导下，英语语法教学往往注重语法规则的讲解和练习，通过例句分析、句型转换等方式来巩固学生的语法知识。然而，这种教学方式往往忽视了语言的交际功能和学生的实际需求，导致学生在实际运用中难以灵活运用所学语法知识。

### (二) 功能主义语言学

功能主义语言学则认为语言的主要功能是交际，语言的形式和结构都是为实现交际目的服务的。该流派强调语言的实际运用和交际效果，认为语法教学应该关注语言的功能和交际意义。功能主义语言学对英语语法教学的启示在于它促使教师关注语言的交际功能和学生的实际需求，引导学生在真实的交际环境中运用语言。

在功能主义语言学的指导下，英语语法教学更加注重培养学生的交际能力。教师可以通过设计真实的交际任务和活动，让学生在模拟的交际环境中运用所学的语法知识进行交流和沟通。这种教学方式不仅提高了学生的语言运用能力，还增强了他们的交际信心和兴趣。

### (三) 认知语言学

认知语言学是近年来兴起的一种语言学流派，它强调语言与认知的密切关系。语言是人类认知系统的一部分，语言的习得和理解都受到人类认知能力的制约。该流派提出了许多与语法教学相关的理论，如构式语法、范畴化理论等。

在认知语言学的指导下，英语语法教学可以更加注重揭示语法规则背后的认知机制。教师可以通过分析语法规则与认知结构之间的关系，帮助学生理解语法规则的本质和内涵。同时，教师还可以利用认知语言学的理论来解释和预测学生的语法错误，从而有针对性地进行纠正和指导。

### (四) 生成语法

生成语法是由美国语言学家诺姆·乔姆斯基创立的，它试图从语言的内在机制出发，解释语言的生成性和习得性。生成语法认为，人类大脑中存在一种普遍语法，它包含了所有语言共有的原则和规则。这些原则和规则在后天经验的刺激下转化为特定语言的语法规则。[①]

在生成语法的指导下，英语语法教学可以更加注重培养学生的语言生成能力。教师可以通过分析句子的深层结构和转换规则，帮助学生理解英语句子的构造方式和语法规则。同时，教师还可以引导学生运用生成语法的理论来创造性地表达自己的想法和观点，从而提高他们的语言运用能力和创造力。

## 二、英语语法教学中语言学理论的价值

### (一) 强调语言的交际功能

语言学理论，尤其是功能主义语言学，强调了语言的交际功能。这一观点对英语语法教学有着深刻的启示。首先，它要求教师在教学过程中不仅要关注语法规则的讲解，还要关注这些规则在实际交际中的应用。这意味着，教师需要设计各种交际任务，让学生在模拟或真实的语境中运用语法知识，从而提高他们的交际能力。

① 颜世云 . 试论如何在英语课堂教学中实现"创新" [J]. 价值工程，2012(7)：23.

### (二) 关注学生的个体差异

语言学理论还提醒我们，学生在语言学习中的个体差异是十分显著的。不同的学生可能具有不同的学习风格、认知能力和语言背景。因此，在英语语法教学中，教师需要关注学生的个体差异，采用多样化的教学方法和手段来满足不同学生的需求。例如，对于语言能力较强的学生，教师可以提供更具挑战性的学习任务；而对于语言能力较弱的学生，则需要更多的个别指导和支持。

### (三) 融合多种教学法

语言学理论的多样性也启示我们，在英语语法教学中不应局限于某一种教学法。相反，教师应根据具体的教学目标和学生的实际情况，灵活选择和融合多种教学法。例如，可以将语境教学法与认知教学法相结合，既关注语言的交际功能，又揭示语法规则背后的认知机制；也可以将生成语法教学法与交际教学法相结合，既培养学生的语言生成能力，又提高他们的交际能力。

### (四) 强调语言的动态性和发展性

语言学理论还揭示了语言的动态性和发展性。语言是一个不断发展和变化的系统，新的语法现象和用法不断涌现。因此，教师需要关注语言的最新发展动态，及时更新教学内容和方法。同时，教师还应鼓励学生关注语言的实际运用情况，培养他们的语言敏感性和创新能力。

### (五) 促进学生的自主学习

语言学理论还强调了学习者在语言习得过程中的主动性和自主性。因此，教师应注重培养学生的自主学习能力。这包括提供丰富的学习资源、引导学生掌握有效的学习策略、培养他们的批判性思维和创新能力等。通过促进学生的自主学习，教师可以帮助他们更好地掌握英语语法知识，提高语言运用能力。

### 三、语言学理论在英语语法教学中的应用

#### (一) 语境教学法

语境教学法是基于功能主义语言学理论的一种教学方法。它强调在真实的交际环境中进行语言教学，注重培养学生的交际能力和语言运用能力。教师可以利用语境教学法来创设真实的交际情境，让学生运用所学的语法知识进行交流。例如，教师可以设计角色扮演、小组讨论等活动来引导学生运用所学的语法知识进行交际实践。

#### (二) 认知教学法

认知教学法是基于认知语言学理论的一种教学方法。它强调语言与认知的密切关系，注重揭示语法规则背后的认知机制。教师可以利用认知教学法来帮助学生理解语法规则的本质和内涵。例如，教师可以通过分析语法规则与认知结构之间的关系来引导学生理解句子的深层结构和转换规则；同时教师还可以利用范畴化理论来解释和预测学生的语法错误从而有针对性地进行纠正和指导。

#### (三) 生成语法教学法

生成语法教学法是基于生成语法理论的一种教学方法。它强调培养学生的语言生成能力，注重引导学生运用生成语法的理论来创造性地表达自己的想法和观点。在英语语法教学中，教师可以利用生成语法教学法来帮助学生掌握句子的深层结构和转换规则；同时教师还可以引导学生运用生成语法的理论来分析和生成复杂的英语句子，从而提高他们的语言运用能力和创造力。

### 四、语言学理论与英语语法教学的实践融合

如何将语言学理论与英语语法教学有效融合是一个值得探讨的问题。笔者认为可以从以下几个方面入手。

### （一）制定明确的教学目标

教师应根据语言学理论和学生的实际情况制定明确的教学目标。这些目标应既关注语法规则的掌握，又关注语言的交际功能和学生的实际运用能力。同时，目标还应具有可操作性和可评估性，以便在教学过程中进行监控和调整。

### （二）设计多样化的教学活动

为了激发学生的学习兴趣和积极性，教师应设计多样化的教学活动。这些活动可以包括角色扮演、小组讨论、案例分析、语法游戏等。通过这些活动，学生可以在模拟或真实的语境中运用所学的语法知识进行交流和沟通，从而提高他们的交际能力和语言运用能力。

### （三）注重学生的反馈和反思

教师应注重学生的反馈和反思。通过及时收集学生的反馈意见和观察他们的学习表现，教师可以了解学生的学习情况和需求，从而调整教学策略和方法。同时，教师还应引导学生进行反思性学习，帮助他们总结学习经验和方法。

### （四）融合多种教学资源

为了丰富教学内容和提高教学效果，教师应积极融合多种教学资源。这些资源可以包括教材、教辅资料、网络资源、多媒体课件等。通过整合这些资源，教师可以为学生提供更加丰富和生动的学习材料，激发他们的学习兴趣和积极性。

### （五）加强教师的专业发展

最后，加强教师的专业发展也是实现语言学理论与英语语法教学有效融合的关键。教师应不断学习和掌握最新的语言学理论和教学方法，提高自己的专业素养和教学能力。同时，教师还应积极参与教学研究和交流活动，与同行分享教学经验和心得，共同推动英语语法教学的发展和创新。

综上所述，语言学理论与英语语法教学之间存在着密切的联系和互动关系。语言学理论为英语语法教学提供了深厚的理论基础和丰富的实践指导；而英语语法教学则是语言学理论在实践中的应用和体现。通过不断学习和应用语言学理论，教师可以更好地理解和教授英语语法知识；同时也可以通过教学实践来检验和完善语言学理论。在未来的英语语法教学中，我们应继续关注和借鉴语言学理论的最新成果和发展动态；同时还应注重学生的个体差异和实际需求；通过多样化的教学方法和手段来提高学生的语言运用能力和交际能力。

# 第三节　语言学理论与英语听力教学

随着全球化进程的加速，英语已成为国际交流的重要工具。在英语学习中，听力是语言输入的主要方式之一。然而，英语听力教学面临着诸多挑战，如学生听力理解能力的参差不齐、听力材料的选择与利用不足等。语言学理论作为研究语言本质、结构、功能及其发展规律的学科，为英语听力教学提供了丰富的理论支持和实践指导。

语言学涉及语言的性质、结构、功能、演变以及语言与社会、文化、认知等方面的关系。语言学理论是语言学家们对语言现象进行解释和预测时所依据的一系列原则和假设。语言学理论视域下，有结构主义语言学、功能主义语言学、认知语言学等不同类型。

## 一、不同语言学流派在英语听力教学中的应用

### (一) 结构主义语言学

结构主义语言学关注语言的内部结构和规则，试图通过分析和描述语言的结构来揭示语言的本质。

在英语听力教学中，结构主义语言学可以帮助学生掌握英语的语音、语调、语法等基础知识。教师可以通过分析听力材料中的语音现象、语法结构等，帮助学生建立正确的语言认知模式。同时，通过大量的听力练习和模

仿，学生可以逐渐熟悉英语的语音语调特点，提高听力理解的准确性。

### (二) 功能主义语言学

功能主义语言学认为语言的主要功能是交际，关注语言在真实语境中的使用情况，强调语言的实际运用和交际效果。功能主义语言学可以引导学生关注听力材料的交际意图和语境信息。教师可以通过设计真实的交际任务和场景，让学生在模拟的交际环境中进行听力练习。这样不仅可以提高学生的听力理解能力，还可以培养他们的交际能力和语言运用能力。例如，教师可以设计角色扮演活动，让学生在模拟的商务会议、旅游对话等场景中进行听力训练。

### (三) 认知语言学

认知语言学强调语言与认知的密切关系，认为语言的习得和理解都受到人类认知能力的制约。它关注语言背后的认知机制和心理过程，试图从认知的角度来解释语言现象。

认知语言学可以帮助学生理解听力材料中的隐含信息和深层含义。教师可以通过分析听力材料中的词汇、短语、句子之间的逻辑关系和信息组织方式，引导学生建立正确的听力认知模式。同时，教师还可以利用认知语言学中的记忆、推理、联想等认知策略来帮助学生提高听力理解的效率和准确性。例如，在听力开始前，教师可以引导学生根据题目或图片预测听力内容；在听力过程中，教师可以教授学生如何通过上下文推断词义或理解言外之意。

### (四) 语篇理论

语篇理论强调语言的整体性和连贯性，认为语言不是孤立的单词或句子的简单堆砌，而是由一系列相互关联、相互作用的语言单位组成的有机整体。它关注语言在篇章层面的结构和功能。

语篇理论可以帮助学生从整体上理解和把握听力材料。教师可以通过分析听力材料的主题、信息组织方式、逻辑关系和语言特点等，引导学生关注材料的整体结构和意义。同时，教师还可以利用语篇理论中的衔接与连贯手段来帮助学生理解听力材料中的信息联系和逻辑关系。例如，在听力过程中，教师可以引导学生注意材料中的连接词、转折词等信号词；在听力结束后，教师可以组织学生进行小组讨论或总结活动以加深对听力材料的理解。

## 二、语言学理论对英语听力教学的启示

### (一) 融合多种教学资源

语言学理论的多样性和丰富性也启示我们在英语听力教学中应积极融合多种教学资源。这些资源包括教材、教辅资料等。通过整合这些资源，教师可以为学生提供更加丰富和生动的学习材料，激发他们的学习兴趣和积极性。同时，教师还可以利用现代技术手段如语音识别软件、在线听力平台等来提高听力教学的效率和效果。

### (二) 培养学生的预测和推断能力

认知语言学和语篇理论都强调了预测和推断在听力理解中的重要性。因此教师在英语听力教学中应着重培养学生的预测和推断能力。这不仅能帮助学生更好地理解和把握听力材料，还能提升他们的思维能力和语言敏感度。

预测能力是指学生根据已有的信息或线索，对即将听到的内容进行合理推测的能力。推断能力是指学生根据听到的信息，结合自身的知识和经验，对未明确给出的信息进行合理推断的能力。

### (三) 强化听力策略训练

除了上述基于语言学理论的指导外，教师在英语听力教学中还应注重听力策略的训练。听力策略是指学生在听力过程中为达到有效理解而采取的一系列思维和行为方式。主要策略包括以下几种。

一是选择性注意。教导学生在听力过程中集中注意力于关键信息，忽略无关或次要的信息。

二是笔记记录。训练学生边听边做笔记的习惯，记录关键词汇、数字、时间等信息点，以便后续整理和回忆。

三是自我监控。鼓励学生在听力过程中进行自我监控，检查自己的理解是否准确，及时调整听力策略。

四是合作学习。组织学生进行小组讨论或合作学习活动，通过交流分享各自的听力理解和感受，促进相互学习和提高。

语言学理论为英语听力教学提供了丰富的理论支持和实践指导。通过结构主义、功能主义、认知语言学和语篇理论等流派的视角，我们可以更深入地理解英语听力教学的本质和规律。教师应关注学生的个体差异和实际需求，融合多种教学资源和方法，注重培养学生的预测和推断能力以及听力策略的运用能力。只有这样，我们才能有效地提高英语听力教学的质量和效果，为学生的英语学习打下坚实的基础。

# 第四节 语言学理论与英语口语教学

英语口语教学作为语言教学的重要组成部分，其目标在于培养学生的英语口头交际能力。然而，要实现这一目标，仅凭简单的语言模仿和句型操练是远远不够的。语言学理论，作为对语言本质、结构、功能及习得规律的深入研究，为英语口语教学提供了坚实的理论基础和丰富的实践指导。

## 一、语言学理论在英语口语教学中的应用

### (一)语音学在英语口语教学中的应用

语音教学是英语口语教学的基础。通过语音学的研究，教师可以了解英语发音的规律和特点，进而指导学生进行有针对性的发音训练。例如，教师可以利用音素教学帮助学生掌握元音、辅音的发音技巧；通过语调、节奏的教学，使学生能够模仿地道的英语发音，提高语音的自然度和流畅度。

### (二)语法学在英语口语教学中的应用

语法教学是英语口语教学中不可或缺的一部分。虽然口语表达注重流利性和自然性，但正确的语法结构是表达清晰、准确的前提。教师可以通过

语法教学帮助学生掌握基本的句子结构和词法规则，使学生能够在口语表达中灵活运用各种句型，表达复杂的思想。同时，教师还可以结合语境进行语法教学，使学生在实际交际中理解并运用语法规则。

### (三) 语义学在英语口语教学中的应用

教师可以通过词汇教学帮助学生扩大词汇量，理解词汇的精确含义和用法；通过语境教学帮助学生理解词汇在不同语境下的意义变化，提高语言的理解力和表达力。此外，教师还可以引导学生关注语言的隐喻、象征等修辞手法，培养学生的语言感知能力和创新思维。

### (四) 语用学在英语口语教学中的应用

语用学强调语言对英语口语教学具有重要意义。教师可以通过语用教学帮助学生了解不同交际场合下的语言使用规则和交际策略，提高文化交际能力。例如，教师可以模拟不同的交际场景，如商务谈判、社交聚会等，让学生在实践中掌握得体的语言表达方式和交际技巧。同时，教师还可以引导学生关注非言语交际手段，如肢体语言、面部表情等，在口语表达中综合运用多种交际手段。

### (五) 认知语言学在英语口语教学中的应用

认知语言学理论为英语口语教学提供了新的视角和方法。教师可以通过认知语言学的研究了解学习者的认知特点和语言习得机制，进而设计更符合学生需求的教学方案。例如，教师可以利用概念隐喻、意象图式等认知语言学理论帮助学生理解语言的深层含义和抽象概念；通过认知策略的教学帮助学生提高语言加工能力和思维灵活性。此外，教师还可以引导学生关注语言习得的心理过程和学习策略的培养，促进学生的自主学习和终身发展。

## 二、语言学理论对英语口语教学的启示

第一，注重语言的整体性。语言学理论强调语言的整体性和系统性。教师应注重语音、语法、语义、语用等方面的综合教学，使学生掌握语言的各个方面。

第二，关注学习者的个体差异。语言学理论认识到学习者在认知风格、语言背景等方面存在差异。教师应关注学习者的个体差异，采用灵活多样的教学方法和手段满足不同学生的需求。

第三，强调语境和交际的重要性。语用学的研究表明语境和交际在语言使用中的重要性。教师应注重语境的创设和交际能力的培养，使学生在实际交际中灵活运用语言。

第四，促进学习者的自主学习。认知语言学理论强调学习者的主动性和自主性。教师应注重培养学生的自主学习能力和学习策略，鼓励他们主动探索语言学习的途径和方法。通过设定明确的学习目标、提供丰富的学习资源和反馈机制，教师可以激发学生的内在动力，促进他们在英语口语学习中的自我驱动和持续发展。

第五，融合技术与教学。信息技术的快速发展，语言学理论与英语口语教学的结合也迎来了新的机遇。教师可以利用多媒体、互联网、人工智能等现代技术手段，为学生提供更加生动、互动和个性化的学习体验。例如，通过在线口语练习平台、语音识别软件等工具，学生可以随时随地进行口语练习，获得即时的反馈和评估。这种技术与教学的深度融合，不仅提高了英语口语教学的效率和效果，也为学生提供了更多元化的学习途径。

第六，培养跨文化交际能力。语用学理论强调语言的社会性和文化性，这对于培养学生的跨文化交际能力尤为重要。教师应注重培养学生的文化意识和跨文化交际能力，帮助他们了解不同文化背景下的语言使用习惯和交际规范。通过模拟跨文化交际场景、分析文化冲突案例等方式，学生可以更好地理解不同文化之间的差异和共性，提高在跨文化环境中的适应能力和沟通能力。

第七，注重情感因素的作用。语言学理论还关注情感因素在语言学习中的作用。教师应关注学生的情感需求和心理状态，营造积极、和谐的学习氛围。通过鼓励、肯定和支持学生的努力和进步，教师可以增强学生的学习自信心和动力；通过关注学生的困惑和难题，教师可以提供及时的帮助和指导，促进学生的全面发展。

总之，语言学理论为英语口语教学提供了丰富的理论支撑和实践指导。通过深入剖析语言学理论的核心要素及其在英语口语教学中的应用，我们可以发现语言学理论在提高学生英语口语能力、培养跨文化交际能力、促进自主学习等方面发挥着重要作用。因此，教师应积极借鉴和运用语言学理论的研究成果，不断创新教学方法和手段，为学生的英语口语学习创造更加有利的环境和条件。

## 第五节　语言学理论与英语阅读教学

在探讨语言学理论与英语阅读教学之间的关系时，我们首先要认识到语言学作为研究语言本质、结构、功能及习得规律的学科，为英语阅读教学提供了深厚的理论基础和实践指导。

英语阅读教学是英语教学的重要组成部分，旨在培养学生的阅读理解能力、信息获取能力和跨文化交际能力。然而，要达到这些目标，仅仅依靠传统的词汇和语法教学是不够的。语言学理论，尤其是阅读理论、认知语言学、功能语言学、社会语言学等分支，为英语阅读教学提供了新的视角和方法。

### 一、语言学理论在英语阅读教学中的应用

#### (一) 阅读理论的应用

自英语阅读教学研究开展以来，先后产生了多套阅读理论，包括自上而下式阅读理论、自下而上式阅读理论、交互式阅读理论以及图示阅读理论等。这些理论在英语阅读教学中各有应用，但也存在各自的局限性。

1. 自上而下式阅读理论

该理论强调读者利用已有的知识和经验对阅读材料进行预测和验证。在英语阅读教学中，教师可以引导学生利用标题、插图、关键词等信息对文章内容进行预测，然后通过阅读来验证或修正这些预测。这种方法可以提高学生的阅读兴趣和参与度，但也可能导致学生对细节信息的忽视。

2. 自下而上式阅读理论

该理论注重从词汇、短语到句子的逐步解码和理解。教师可以通过词

汇教学、短语搭配、句型分析等方式帮助学生掌握基本的语言知识，为理解整篇文章打下基础。然而，这种方法可能过于注重语言形式，而忽视了语境和整体理解的重要性。

### 3. 交互式阅读理论

该理论认为阅读是一个交互过程，涉及语言、认知、情感等多个方面。教师应鼓励学生积极参与阅读过程，运用多种策略（如预测、推断、总结等）来理解文章。同时，教师还应关注学生的情感需求，营造良好的阅读氛围，以提高学生的阅读效果。

### 4. 图示阅读理论

该理论强调读者在阅读过程中构建心理图式来理解和记忆文章内容。教师可以通过讲解文章结构、分析段落关系等方式帮助学生构建图示框架，从而更好地理解文章的整体意义。

## （二）认知语言学理论的应用

认知语言学认为语言是人类认知能力的一部分，其结构和使用反映了人类的认知过程。认知语言学理论的应用主要体现在以下三个方面：

### 1. 词汇教学

认知语言学强调词汇的理据性和系统性。教师可以通过词根、词缀等词汇构成规律的教学，帮助学生扩大词汇量并理解词汇之间的内在联系。此外，教师还可以利用语境效应和词频效应来巩固学生的词汇记忆。

### 2. 句法教学

认知语言学关注句子的结构和句法规则。教师可以通过讲解主谓宾结构、从句类型等句法知识，帮助学生理解句子的构成和逻辑关系。同时，教师还可以引导学生通过句法分析来把握文章的结构和脉络。

### 3. 篇章教学

认知语言学认为篇章是一个整体结构，由多个句子和段落组成。教师可以通过讲解篇章的组织结构、段落关系等知识，帮助学生理解文章的整体意义。此外，教师还可以通过分析修辞手法（如比喻、隐喻等）来帮助学生深入理解文章的内涵和作者的意图。

### （三）功能语言学理论的应用

功能语言学关注语言在实际交际中的作用和功能。功能语言学理论的应用主要体现在以下两个方面：

1. 语境分析

功能语言学强调语境对语言理解的重要性。教师可以通过分析文章的语境（如文化背景、社会情境等）来帮助学生理解文章的含义和作者的意图。同时，教师还可以引导学生关注语境中的非言语因素（如肢体语言、面部表情等）来更好地理解交际意图。

2. 交际目的分析

功能语言学认为语言交际具有明确的目的性。教师可以引导学生通过分析文章的交际目的（如信息传递、情感表达等）来把握文章的主旨和要点。同时，教师还可以通过模拟交际场景来帮助学生提高跨文化交际能力。

### （四）社会语言学理论的应用

社会语言学关注语言与社会因素的关系。社会语言学理论的应用主要体现在以下两个方面：

1. 语言变异分析

社会语言学认为语言存在变异现象。教师可以通过分析不同地域、社会群体之间的语言差异来帮助学生更好地理解阅读材料中的语言现象。同时，教师还可以引导学生关注语言变异对交际效果的影响。

2. 语言态度分析

社会语言学关注人们对语言的态度和看法。教师可以通过分析阅读材料中的语言态度来引导学生树立正确的语言观和价值观。同时，教师还可以通过讨论不同文化背景下的语言态度来增进学生的跨文化意识和包容性。

## 二、语言学理论对英语阅读教学的启示

### （一）注重语言的整体性和系统性

教师应注重词汇、句法、篇章等各个方面的综合教学，避免孤立地教

授语言知识。同时，教师还应关注语言知识的内在联系和系统性，帮助学生构建完整的知识体系。

### (二) 关注学生的个体差异和需求

语言学理论认识到学生在语言学习中的个体差异和需求。教师应关注学生的个体差异和需求，采用灵活多样的教学方法和手段来满足不同学生的学习需求。通过个性化教学，教师可以更好地激发学生的学习兴趣和动力，培养他们的自主学习能力。

### (三) 强调语境和交际功能

语言学理论特别是功能语言学和社会语言学，强调语言在语境中的交际功能。教师应注重语境的创设和交际功能的引导。通过模拟真实或接近真实的交际场景，教师可以帮助学生理解语言在实际交际中的使用方式和效果，提高他们的语言运用能力和跨文化交际能力。

### (四) 培养学生的阅读策略

语言学理论为培养学生的阅读策略提供了理论依据。在阅读教学中，教师应引导学生掌握多种阅读策略，如预测、推断、总结、提问等。这些策略不仅有助于学生更好地理解文章内容，还能提高他们的阅读速度和效率。通过长期的策略训练，学生可以形成良好的阅读习惯和思维方式。

### (五) 增强学生的语言意识和文化意识

语言学理论关注语言与文化的紧密联系。教师应注重培养学生的语言意识和文化意识。通过对比不同文化背景下的语言现象和交际习惯，学生可以更深入地理解语言的文化内涵和交际功能。同时，教师还应引导学生关注语言在文化传承和交流中的作用，培养他们的跨文化意识和国际视野。

### (六) 融合技术与教学

随着信息技术的发展，语言学理论与技术的结合为英语阅读教学带来了新的机遇。教师可以通过多媒体、互联网、人工智能等现代技术手段，为学生提供更加丰富、生动和个性化的学习资源和环境。例如，利用在线阅读平台、电子书籍、语音识别软件等工具，学生可以随时随地进行阅读练习和反馈评估，提高阅读效果和自主学习能力。

综上所述，语言学理论在英语阅读教学中发挥着重要作用。通过应用阅读理论、认知语言学、功能语言学和社会语言学等理论成果，教师可以更加科学、系统地指导学生的阅读学习，提高他们的阅读能力和跨文化交际能力。同时，教师还应关注学生的个体差异和需求，培养他们的阅读策略和自主学习能力，为他们未来的学习和生活打下坚实的基础。在未来的英语阅读教学中，我们期待更多语言学理论与教学实践的深度融合和创新发展，以推动英语阅读教育的不断进步和提高。

# 第六节　语言学理论与英语写作教学

英语写作教学作为英语教学的重要组成部分，旨在培养学生的书面表达能力、逻辑思维能力和跨文化交际能力。然而，要达到这些学习目标，仅凭传统的词汇和语法教学是不够的。语言学理论作为研究语言本质、结构、功能及习得规律的学科，为英语写作教学提供了深厚的理论基础和实践指导。

## 一、语言学理论在英语写作教学中的作用

### (一) 提供理论基础

语言学理论为英语写作教学提供了坚实的理论基础。它解释了语言的本质、结构、功能和习得机制，使教师能够更深入地理解英语写作的本质和规律，从而更有效地指导学生的写作实践。

### (二) 指导教学方法

语言学理论为英语写作教学提供了多种教学方法和策略。例如，基于认知语言学理论的词汇教学策略、基于功能语言学理论的篇章教学策略等，这些方法和策略有助于提高学生的写作能力和水平。

### （三）促进跨文化交流

语言学理论强调语言与文化的密切联系。在英语写作教学中，通过引导学生关注语言背后的文化内涵和交际功能，可以培养学生的跨文化意识和交际能力，使他们在全球化背景下更好地进行国际交流与合作。

## 二、语言学理论在英语写作教学中的应用

### （一）功能语言学理论的应用

教师可以通过分析写作任务的语境（如目的、读者、场合等），帮助学生明确写作的方向和重点。同时，教师还可以引导学生关注语境中的非言语因素（如语气、态度等），以提高写作的得体性和说服力。功能语言学认为篇章是一个整体结构，教师还可以引导学生通过仿写、改写等方式进行篇章练习，以提高他们的篇章构建能力和写作水平。

### （二）社会语言学理论的应用

社会语言学关注语言在不同社会群体中的变异现象。教师可以通过分析不同地域、社会群体之间的语言差异，帮助学生了解英语语言的多样性和复杂性。这种教学有助于学生更好地适应不同语境下的英语写作要求，提高他们的跨文化交际能力。

社会语言学还关注人们对语言的态度和看法。教师可以通过分析不同文化背景下的语言态度和价值观，引导学生树立正确的语言观和价值观。这种教学有助于学生更好地理解和尊重不同文化背景下的语言习惯和价值观念，提高他们的跨文化意识和包容性。

### （三）语篇语言学理论的应用

语篇语言学关注语言在交际中的整体性和连贯性。教师可以利用语篇语言学理论来指导学生如何构建连贯、有逻辑的篇章。例如，教师可以讲解段落之间的过渡和衔接手段、篇章的主题句和结论句等写作技巧，帮助学生提高篇章的连贯性和逻辑性。

### 三、语言学理论对英语写作教学的启示

#### (一) 培养学生的写作策略和习惯

语言学理论为培养学生的写作策略和习惯提供了理论依据。教师应引导学生掌握多种写作策略 (如构思、起草、修改等) 和习惯 (如积累素材、定期练习等)。这些策略和习惯有助于学生更好地应对写作任务和挑战，提高他们的写作效率和水平。

#### (二) 促进跨学科融合

语言学理论的发展离不开其他学科的支持和推动。教师应积极促进跨学科融合，将语言学理论与教育学、心理学、信息技术等其他学科相结合，以丰富教学手段，提升教学效果。

1. 教育学与语言学理论的融合

教育学关注教育过程、教育目标及教学方法的研究，而语言学理论则为教学内容提供了深层次的理解。将两者融合，教师可以更科学地设计写作课程，确保教学活动既符合学生的认知发展规律，又能够有效提升学生的写作能力。例如，通过"最近发展区"理论，教师可以识别学生在写作上的潜在发展水平，设计略高于他们当前能力的任务，以促进其写作能力的发展。

2. 心理学与语言学理论的融合

心理学关注人类心理过程和行为的研究，与语言学理论相结合，可以深入理解学生在写作过程中的心理活动和需求。例如，利用认知心理学中的"元认知"理论，教师可以引导学生反思自己的写作过程，提高自我监控和自我调节能力，从而更有效地规划、执行和评估写作任务。此外，情绪心理学的研究也表明，积极的情绪状态有助于提升学生的学习动力和创造力，因此，在写作教学中，教师应注重营造积极的课堂氛围，激发学生的写作兴趣。

3. 信息技术与语言学理论的融合

信息技术迅猛发展，其在教育领域的应用日益广泛。将信息技术与语言学理论相结合，可以为学生提供更加丰富、多样和个性化的学习资源和

环境。例如，利用在线写作平台，教师可以实时跟踪学生的写作进度，提供个性化的反馈和指导；利用语料库和数据分析技术，教师可以分析学生的写作样本，发现共性问题，进行有针对性的教学干预。此外，通过虚拟现实（VR）和增强现实（AR）技术，教师还可以创设真实的交际场景，让学生在模拟环境中进行写作练习。

## 四、语言学理论在英语写作教学中的提升对策

尽管语言学理论为英语写作教学提供了有力的支持，但在实际应用过程中仍面临一些挑战。例如，如何平衡理论知识与实践应用的关系，如何根据学生的个体差异和需求进行差异化教学，如何有效利用信息技术提升教学效果等。

### （一）加强理论与实践的结合

教师应不断学习和研究最新的语言学理论成果，并将其灵活应用于教学实践之中。同时，还应注重教学反思和评估，及时调整教学策略和方法，确保教学效果的最大化。

### （二）有效利用信息技术

教师应积极拥抱信息技术的发展，将其融入写作教学之中。通过利用在线平台、语料库、数据分析等技术手段，教师可以更加高效地组织教学资源、监控学习进度、提供个性化反馈。同时，还应注重培养学生的信息素养和数字技能，使他们能够更好地适应信息化时代的学习要求。

综上所述，语言学理论在英语写作教学中发挥着重要作用。它不仅为写作教学提供了坚实的理论基础和实践指导，还促进了跨学科融合和教学方法的创新。然而，在实际应用过程中仍需关注理论与实践的结合、差异化教学的实施以及信息技术的有效利用等挑战。未来，随着语言学理论的不断发展和完善以及信息技术的持续进步，我们有理由相信英语写作教学将迎来更加广阔的发展前景和更加丰硕的教学成果。

# 第六章　英语教学

## 第一节　英语教学的目的

跨文化交际、德育渗透与精英意识是"大学英语"多元目标的三大主体。跨文化交际重在学生的英语技能和综合文化培养；德育渗透重在提升学生的思想文化境界，成为符合现代社会主义标准的高素质人才；而精英意识重在培养学生的学习信心和个人价值认同感。三者融为一体，共同推动大学英语教学水平的提升。

### 一、学生跨文化交际能力的培养

#### （一）弘扬传统文化

传统文化的教育内容多为民族文化和民族精神，在现代学术视野下，它其实就是一种更高层次的文化素质教育，即从改善学生的内心思想、状态出发，然后使其形成良好的文化素养。所以传统文化教育是培养学生跨文化交际能力的一大法宝，通过培养学生的民族文化自尊心和自信心，实现弘扬中华优秀传统文化的目的。

#### （二）选择性接受外国文化

随着我国经济、文化的不断发展，与世界各国的经贸和文化交流也日益频繁，英语国家作为我们的合作伙伴，与我国的经贸和文化交流频繁，有着共同的利益取向，所以，让学生自觉接受外国文化的熏陶，也是夯实其文化底蕴，增强其文化转换能力的重要途径。

## （三）实现跨文化交流

学生既能弘扬传统文化，又能接受外国文化，那就能够在中外不同的文化形态之间建立交流渠道，既能够把中华优秀传统文化引向世界，扩大我国的文化知名度和影响力，又能够把外国先进的文化引入国内，掀起文化新浪潮，从而增强本土文化的包容性，为中外文化的和谐交流与发展做出贡献。

## 二、学生德育的渗透

### （一）渗透德育的必要性

在大学英语课堂中渗透德育是对现阶段大学英语教学的改革和升级。因为从传统的大学英语教学来看，教师只是教给学生基础的英语知识和常识，但是却忽略了学生的英语素养和英语精神的培养。渗透德育，以德育内容推动英语素养和英语精神教育，是提升大学英语教学价值的重要途径。

在大学英语课堂中渗透德育是体现学科融合教学作用的必要策略。在大学英语课堂中渗透德育，实际上就是将两者的教育理念、方法和内容合二为一，既能优化课堂教学形式以激发学生的学习兴趣，还能通过学科融合挖掘更多更好的教育因子。

### （二）渗透德育的可行性

首先，大学英语教学内容中其实含有非常丰富的人文素养教育因子，只要教师能深挖教材内容，广泛收集教辅资料，就能够体现大学英语教育的人文教育作用，而德育中的大部分教学内容也是以培养学生的人文素养为主。所以从这点来看，在大学英语课堂中渗透德育是切实可行的。其次，在"以人为本"教育教学理念下，大学英语教学和德育在教学理念、教学方式和教学过程方面都有很高的契合度，所以在大学英语课堂中渗透德育并不会影响两者正常的教学过程，只是会以"你中有我，我中有你"的方式共同发展。所以从这点来看，在大学英语课堂中渗透德育也是切实可行的。

## 三、学生精英意识的树立

### (一) 精英意识的概念

通俗地讲，精英是外在的一种"身份象征"，而"精英意识"是内在的一种"精神品质"，对大学生来说，他们属于社会的精英阶层，但从其能力、学识、阅历来说还不算是精英，但他们都有拥有"精英意识"的能力和资格，在这种意识的推动下，他们能够以社会精英为榜样，自主自觉地向他们学习和靠拢，从而在不知不觉中提升外在能力和内在品质，成为真正的社会精英。

### (二) 树立学生精英意识的方法

上文中提到，精英意识是内在的一种"精神品质"，所以要归为思想教育的范畴。首先，教师要让学生对自己有正确的认识，既不能妄自尊大，更不能妄自菲薄，清醒地认识自己与社会精英的现实差距，找准发展定位并发挥自身优势，从而朝着精英目标不断努力；其次，因为现今大学生数量越来越多，许多大学生萌生了即使进入社会也无法出人头地的想法，将成为"精英"当作一个不现实的梦想。对此，教师要让学生认清楚自己的人生价值，包括自我价值和社会价值，不因为短暂的失意、失败和彷徨而放弃，要执着地认定自己一定能成为社会精英，从精神层面肯定自己，喜欢自己，坚持自我。

随着新课改的不断推进，提升学生的跨文化交际能力、思想品质和精英意识，是当代大学教育先进性、科学性的主要表现，作为大学英语教师，应以"大学英语"的多元目标为根本，继续提升教学水平，为社会培养更多更好的高素质人才。

## 四、高校英语教学模式完善对策

高校英语教学中，教师要想充分地运用多元互动教学这一重要的模式，就要明确其模式运用所必须具备的条件。以下是针对进一步完善高校英语教学中的多元互动模式的具体对策。

**（一）不断提高教师的素养水平，创新教学观念**

高校教师在英语教学活动中充分地运用多元互动这一模式，首先要注意角色的明确，促进教学观念的创新发展，教师要起到教学引导的作用，不断提升教师自身的素养水平。比如教师要充分地运用课余时间，积极参加到相关的学习活动中，进而提高自身教学素养和能力，为多元互动教学模式的充分运用奠定良好的基础。除此之外，教师还要将学生的英语水平现状作为基础，进行教学活动的设计。教师的经验不断得到增加，所以教学活动的设计具有科学性，能够使得学生积极参与到学习中，不断促进学生英语能力的提升。

**（二）不断促进硬件的建设工作，为学生提供学习资源**

所谓的多元互动教学模式相较于其他的模式而言，具有很大的特点，不但涉及的范围十分广泛，而且还需要网络的辅助作用。因此，在高校的英语教学活动中充分运用多元互动教学模式，与网络息息相关，需要网络硬件的支持。因此，在网络硬件的运用下，能够促进教学效果得到优化，进而促进学生更好地进行学习。高校要不断完善硬件设施，还要积极为学生提供丰富的学习资源。教师要站在多个角度进行分析，为学生营造学习氛围，提供具有价值的资源，进而提高学生的英语技能，优化学习效果。

**（三）要不断加强教师的引导和监督**

高校英语教学活动中充分地运用多元互动这一教学模式，作为教师不但要在教学活动中起到引导和监督的作用，同时教师还要积极在课下引导学生进行学习，因此教师在进行教学活动的设计时要注意结合学生的实际情况，设计现实中的情景，以便激发学生的热情，同时借助网络的作用，在课余时间对学生的学习进行监督，从而提高学生的学习效率。

**（四）不断健全评价反馈体系**

在高校的英语教学活动中，教学评价这一环节至关重要，该环节的进行能够对学生的学习目标和学习效果产生重要的影响。在过去传统的英语教学活动中，一般所采用的是结果式的评价，主要将重点放在最后的成绩上，而忽略了学习的过程，这样的评价具有片面性，不能有效激发学生的学习兴趣。因此，在进行多元化教学中，教师不但要注重结果的评价，同时还要注意对学习过程的评价。对于教学过程的相关资料等进行总结评价，从而提高学生的英语素养水平，促进其英语能力得到发展进步。

总而言之，在高校的英语教学活动中充分地运用多元互动教学模式，促进其具有开放性，能够促进教师创新发展教学观念，为教师的活动设计做好铺垫，充分地呈现出这一教师模式的优点所在。除此之外，要想促进学生的英语素养水平得到提高，就要为学生提供丰富的学习资源，设计科学的教学活动，从而提升学生的能力。

### （五）聚焦多元目标，培养学生的英语核心素养

核心素养，简言之就是人的全面发展，而聚焦多元目标，用核心素养来梳理培养目标，可以纠正重知识、轻能力的教育偏失。小学阶段要根据各学科的自身特点，制定不同的育人目标、内容目标等来培养学生的核心素养，英语学科也不例外。作为英语教师，可以在平时的英语教学中，运用一些小妙招，培养学生的核心素养，使其具备一定的学习能力及形成完善、健全的人格。

第一，课前一分钟，周前小故事，对于培养学生语言能力来说，英语表演是一种艺术。为了巩固学生所学过的知识，可以采用课前一分钟表演或周前小故事的方式，让学生进行复习巩固。为了能更逼真地展现情景，可以事先准备充分的教具，例如卡片、音乐、玩具和动画短剧等有利于学生表演的东西，使学生有感而发。这样的表演能给学生提供一个有意义的情景，给学生进行口语交流的机会，体验语言的感情色彩，还能为学生提供一个自由发挥的空间，学生通过玩、唱、演等活动来激发学英语的兴趣。学生通过一定的语言积累，口语表达能力也得到了锻炼。

第二，创设有趣的活动，培养学生学习能力。兴趣学习在学生的学习中是一项很重要的因素，它对学生的学习起着无声的促进作用。在平时英语教学中，可以通过观察、操作、小组活动、玩游戏等方式激发学生的兴趣，从而培养学生的思维能力、合作意识和勇于探索创新的学习能力，使学生在兴

趣的支持下，慢慢学会运用所学知识和方法解决一些简单的实际问题，从而达到学以致用，并让个人的合作、交流的素养得到培养。如教学字母组合读音时，考虑到学生学习起来一定很乏味，如果采用一问一答的告知方式，难以提高学生的学习积极性，无法实现生生互动、师生互动。为了提高学生的兴趣，培养学生的合作素养，可以进行这样的尝试：授课前让学生以小组为单位制作一个字母组合读音大转盘，将搜罗的字母组合写在一张圆形纸上，中间加上一个可以转动的指针，学生快速转动指针，指针指向哪个字母，就迅速说出它的发音。这个有趣的游戏，在课堂上可以玩，在课后也可以玩，这样做，对提高字母组合的记忆能起到事半功倍的效果。而在单词教学或句型教学时，同样可以用这种方法来进行授课。这样的活动环节不但激发了学生的学习兴趣，让学生爱学、乐学，而且学生合作、竞争、创新的素养在活动中得到了有效培养。

第三，挖掘教材内容，开展文化品格的培养。为了加强学生文化品格的培养，就要善于挖掘语言素材中有关文化品格方面的内容，在教学中因势利导。例如中国人的含蓄和欧美国家的直率。我们通常存在这样的不同，如当别人问我们要吃点或喝点什么，中国人习惯客气地说"不用了，麻烦你了"，但在欧美国家他们就会说 Yes, please（好的，谢谢）或 No, thank you（不用了，谢谢你），这就是两国的差异，我们要理解也要尊重我国的文化，不能摒弃。

评价是英语教学的主要组成部分，科学有效的多元性评价有利于学生健全人格素养的培养。

首先，课堂教学的恰当评价。在素质教育核心素养贯彻落实的今天，大肆表扬会使学生对自己没有全面的认识，自信过头的他们，一遇到挫折就往往一蹶不振，这样不利于学生健康成长。而在学习之路上，让学生适当受挫，适当受到批评，教师再从中引导学生如何正确对待否定性评价，并对其提出有针对性的改进建议，才能更有效地促进学生的成长和人格的发展。

其次，测试性的评价。对学生的评价不是在期中期末考试时进行，而是在学生平时的学习过程中进行。评价性测试不是以知识的考查为目的，而是以语言的运用为目的，通过学生完成真实任务的表现检查学生对语言知识的掌握、情感态度的发展以及文化意识、策略意识等。如要检查学生的关爱同情等情感，可以让学生读一则饱含情感的故事，然后谈自己的感受。例如通过学习两只小猫的成长日记来引导学生爱护动物，并以此来引导学生关心关爱身边的一切弱小，特别是身边的人。通过学生描述来评价学生的学习情况。

# 第二节　英语教学的任务

英语教学的任务是一个复杂而多维的体系，它不仅关注学生的语言技能提升，还涉及文化意识、学习策略、情感态度等多个方面的培养。

## 一、语言技能的培养

### (一) 听说能力的训练

听说能力的训练目标是让学生具备在日常生活和学习中运用英语进行口头交流的能力。可以通过模拟真实场景的对话练习、角色扮演、听力理解训练等方式，提高学生的听力和口语表达能力。同时，鼓励学生多听英语材料，如英语歌曲、电影、广播等，以增加语言输入量。

### (二) 阅读能力的提升

阅读能力的提升目标是培养学生的快速阅读、准确理解和批判性思维能力。可以选择多样化的阅读材料，包括故事、新闻、科普文章等，以满足不同学生的兴趣和需求。通过精读和泛读相结合的方式，提高学生的阅读速度和深度。同时，引导学生学会运用阅读策略，如预测、推断、总结等，以提高阅读效率。

### (三) 写作技能的训练

写作技能的训练目标是帮助学生能够用英语准确、流畅地表达思想和观点。可以从基础句型、段落构建到篇章组织，逐步提高学生的写作能力。通过写作练习、范文分析、修改反馈等方式，帮助学生掌握写作技巧和方法。同时，鼓励学生多写多练，积累写作经验。

## 二、文化意识的培养

### (一) 跨文化交际能力

跨文化交际能力的培养目标是让学生了解不同文化背景下的语言使用习惯和交际规则。培养跨文化交际能力需要在教学中融入文化元素，如介绍英语国家的风俗习惯、节日庆典、社会制度等。通过对比不同文化之间的差异，帮助学生增强跨文化意识。同时，组织文化交流活动，如国际文化节、英语角等，为学生提供实践机会。

### (二) 爱国主义和国际主义精神

爱国主义和国际主义精神的培养目标是在教授外国文化的同时，不忘培养学生的爱国主义精神和国际主义视野。可以通过介绍中国文化的英语表达等方式，增强学生的民族自豪感和文化自信心。同时，引导学生理解并尊重不同文化之间的差异和多样性，培养国际主义精神。

## 三、学习策略的培养

### (一) 自主学习能力的培养

自主学习能力的培养目标是让学生具备独立学习和自我提升的能力。培养学生的自主学习能力可以教授学生有效的学习策略和方法，如制订学习计划、合理安排时间、利用学习资源等。同时，鼓励学生参与课外英语学习活动，如参加英语竞赛、加入英语社团等，以锻炼自主学习能力。

### (二) 合作学习能力的培养

合作学习能力的培养目标是通过团队合作和交流互动，提高学生的合作能力和社交技能。可以组织小组合作学习活动，如小组讨论、角色扮演、项目研究等。在活动中，鼓励学生积极参与、相互协作、共同解决问题。通过合作学习，学生可以学会倾听他人意见、表达自己观点、协调团队关系等技能。

## 四、情感态度的培养

### (一) 学习兴趣的激发

激发学习兴趣的目标是通过丰富多样的教学手段和活动形式，激发学生的学习兴趣和动力。激发学习兴趣可以采用生动有趣的教学方法，如游戏化教学、情景模拟等，使英语课堂更加生动有趣。同时，关注学生的个体差异和需求，为不同水平的学生提供适合的学习任务和挑战。通过激发学生的好奇心和求知欲，使他们愿意主动学习和探索英语世界。

### (二) 自信心的建立

自信心建立的目标是帮助学生建立自信心，勇于表达自己的想法和观点。在课堂上给予学生充分的展示机会和正面反馈，肯定他们的努力和进步。同时，鼓励学生相互欣赏和学习对方的优点和长处。通过不断鼓励和肯定，帮助学生建立自信心和自尊心。

### (三) 克服困难的勇气

目标旨在培养学生面对困难和挑战时的坚韧不拔和积极向上的态度。在教学中设置适当的难度和挑战，让学生经历从失败到成功的过程。通过引导学生分析失败的原因、总结经验教训、寻找解决问题的方法等方式，培养他们的抗挫能力和解决问题的能力。同时，鼓励学生相互支持和鼓励，共同面对困难和挑战。

总之，英语教学的任务是多方面的、综合性的。它不仅要关注学生的语言技能提升和文化意识培养，还要注重学习策略和情感态度的培养。通过全面、系统地实施这些任务，我们可以帮助学生打下坚实的英语基础，提高他们的英语综合运用能力，为他们未来的学习和生活奠定良好的基础。同时，我们也应该认识到英语教学任务的复杂性和长期性，需要教师和学生共同努力、持续投入才能取得良好的效果。

# 第三节 英语教学的实质

在全球化日益加深的今天，英语作为国际交流的重要语言，其教学在高等教育中占据着举足轻重的地位。大学英语教学的实质远非简单的语言技能训练，而是涵盖了语言习得、文化理解、思维能力培养、跨文化交际能力提升以及终身学习理念灌输等多个层面。

## 一、教学目标的多维性

### （一）综合应用能力的培养

大学英语教学的首要目标是培养学生的英语综合应用能力，使他们能够在学习、工作和社会交往中有效地使用英语进行交际。这包括听、说、读、写四项基本技能的培养，以及这些技能在实际场景中的综合运用。例如，通过精读课程提高学生的阅读理解能力，通过听力课程提升学生的听力理解能力，通过口语和写作课程锻炼学生的表达能力和写作技巧。

### （二）自主学习与跨文化意识

除了语言技能的培养，大学英语教学还注重培养学生的自主学习能力和跨文化意识。随着信息化时代的到来，学生需要掌握有效的学习策略，能够自主规划学习路径，持续提高英语水平。同时，跨文化意识的培养也是不可忽视的，它要求学生能够理解和尊重不同文化背景下的语言和行为规范，具备在多元文化环境中灵活应对的能力。

### （三）具体技能目标

一是语音与发音。使学生掌握英语语音的基本知识，包括发音、语调和语流，培养正确的语音语调。

二是词汇与语法。培养学生拼读单词和句子的能力，能够运用单词和词组的正确形式完成句子，进行简单的英语交际。

三是阅读与写作。提高学生的阅读理解能力，使其能够理解和分析英语文章中的重要信息；同时，培养学生的写作能力，使其能够用英语写出清晰、准确、流畅的文章。

四是口语表达。通过口语教学，培养学生的英语口语表达能力和听力理解能力，使他们能够在日常生活和职业环境中进行基本的英语口语交流。

## 二、教学内容的丰富性与时代性

### (一) 内容的多样性

大学英语教学内容丰富多样，涵盖了文学、历史、科技、社会等多个领域。通过多样化的教学内容，学生可以接触到不同领域的知识，拓宽视野，增强综合素质。例如，在阅读课程中，教师可以选取不同题材和风格的文章，包括经典文学作品、新闻报道、学术论文等，以满足学生的不同学习需求。

### (二) 内容的时代性

随着社会的快速发展和科技的不断进步，大学英语教学内容也需要与时俱进。教师应关注时代热点和前沿问题，将相关材料引入课堂，激发学生的学习兴趣和求知欲。例如，在讲解科技类文章时，可以引入最新的科技进展和研究成果；在讲解社会类文章时，可以探讨当前社会热点问题和争议话题。

## 三、教学方法的灵活性与创新性

### (一) 多种教学方法的应用

大学英语教学方法灵活多样，包括交际教学法、任务型教学法、直接教学法、语法翻译法等。这些教学方法各有特点，适用于不同的教学场景和教学目标。例如，交际教学法强调语言的交际功能，通过实际交流来学习英语；任务型教学法则通过设计具有明确目标的任务来提高学生的学习兴趣和参与度。

### (二) 现代技术手段的辅助

随着信息技术的快速发展，现代技术手段在大学英语教学中得到了广泛应用。多媒体教学、在线课程、翻转课堂等新兴教学模式为大学英语教学注入了新的活力。这些技术手段不仅提高了教学的互动性和趣味性，还为学生提供了更加便捷和高效的学习方式。

## 四、评价体系的全面性与发展性

### (一) 全面性评价

大学英语评价体系应体现全面性原则，涵盖语言知识、语言技能、跨文化交际能力、批判性思维能力等多个方面。通过全面性评价，可以全面、客观地反映学生的学习成果和成长轨迹。

### (二) 发展性评价

除了全面性评价外，大学英语评价体系还应注重发展性评价。发展性评价关注学生的学习过程和学习进步，鼓励学生的自我反思和持续改进。通过发展性评价，教师可以及时了解学生的学习情况和学习需求，为个性化指导提供依据。

综上所述，实际上，大学英语教学是一个复杂而多维的过程。它不仅仅关乎语言知识的传授和语言技能的培养，还关乎学生综合素质和人文素养的提升。在未来的发展中，大学英语教学应继续深化教学改革、创新教学方法、优化评价体系，以更好地适应时代发展的需要和学生成长的需求。

# 第四节　英语教学的特征

随着全球化进程的加速和国际交流的日益频繁，大学英语作为高等教育中不可或缺的一部分，其重要性日益凸显。大学英语教学不仅承载着语言技能培养的重任，还肩负着文化传播、思维拓展及国际视野拓宽的使命。大学英语作为非英语专业学生的必修课程，其教学目标已从传统的语言知识传授转向语言综合应用能力的培养，强调听、说、读、写、译的全面发展。这一转变要求大学英语教学必须紧跟时代步伐，不断创新教学理念与方法，以适应社会对国际化人才的需求。

## 一、教学目标的多元化

### (一) 语言技能与交际能力的培养

在大学英语教学中，教学目标的多元化是适应时代需求、促进学生全面发展的关键所在。其中，语言技能与交际能力的培养作为核心目标，不仅关乎学生个人英语水平的提升，还是他们未来在国际舞台上有效沟通、合作与竞争的重要基石。

语言技能是英语学习的基础，包括听、说、读、写、译五个方面。这五项技能的培养是相辅相成的，缺一不可。

听力是语言学习的起点，也是交流的基础。通过持续的听力训练，学生能够熟悉英语发音、语调、语速，理解并捕捉关键信息，为后续的口头表达和书面阅读打下坚实基础。

口语是语言输出的重要方式，也是交际能力的直接体现。大学英语教学应鼓励学生大胆开口说英语，通过模拟对话、角色扮演、小组讨论等形式，提高学生的口语表达能力和语言流利度。

阅读是获取信息和知识的主要途径。通过广泛的阅读训练，学生可以扩大词汇量、提高阅读速度和理解能力，同时了解不同文化背景下的语言表达方式和思维方式。

写作是语言综合能力的体现，也是学术交流和职场沟通的重要手段。大学英语教学应注重培养学生的写作兴趣和习惯，通过写作练习和反馈指导，提高学生的写作技巧和表达能力。

翻译是跨文化交流的重要桥梁。虽然非英语专业的学生可能不需要达到专业翻译的水平，但掌握基本的翻译技巧和方法对于他们的学习和工作都是有益的。

大学英语教学目标的多元化体现在语言技能与交际能力的培养上，可以通过整合课程内容、采用多样化的教学方法、利用现代技术手段和加强实践教学等途径，有效提升学生的英语水平和交际能力，为他们未来的学习、工作和生活奠定坚实的基础。

### (二) 跨文化意识与交际能力的提升

跨文化意识是指个体对不同文化现象的认知、理解和尊重程度，以及在不同文化背景下进行有效沟通和协作的能力。培养学生的跨文化意识是教学目标的重要组成部分。

在全球化的浪潮中，跨文化交流与合作已成为不可逆转的趋势。大学英语作为高等教育体系的重要组成部分，其教学目标不再局限于语言知识的传授，而是更加注重培养学生的跨文化意识和交际能力。这两个目标的实现，不仅能够提升学生的个人素养，还能为他们未来的国际交往和职业发展奠定坚实的基础。

交际能力是指个体在特定文化背景下，运用语言和非语言手段进行有效沟通和协作的能力。提升学生的交际能力同样是教学目标的重要方面。

实现跨文化意识与交际能力的提升这一多元化教学目标，大学英语教学要采取以下途径：

一是整合课程内容。将跨文化元素融入课程教学中，设计贴近学生生活实际和未来需求的教学任务和活动，让学生在学习语言的同时，也能接触到丰富的文化知识。

二是采用多样化的教学方法。如任务型教学、合作学习、情境教学等，激发学生的学习兴趣和积极性，提高他们的参与度和学习效果。

三是利用现代技术手段。如多媒体教学、网络教学等，为学生提供丰富、生动的学习资源和平台，拓宽他们的学习视野和交际空间。

四是加强实践教学。通过组织英语角、模拟国际会议、跨文化交流项目等实践活动，让学生在实践中锻炼和提升跨文化意识和交际能力。

### (三) 自主学习能力与创新思维的培养

在现代教育体系中，教学目标的多元化已成为重要的教育理念。其中，自主学习能力和创新思维的培养尤为关键。自主学习能力使学生能够主动探索知识，形成持续学习的习惯；而创新思维则有助于学生在复杂多变的环境中，提出新颖独特的想法和解决方案。因此，在大学教育中，注重培养学生的自主学习能力和创新思维具有重要意义。

自主学习能力是指学生具有主动学习、自我管理和自我监控的能力。这种能力的培养有助于学生形成终身学习的习惯，不断适应社会发展的需求。

创新思维是指个体在解决问题时，能够提出新颖独特、具有创造性的想法和解决方案。这种能力的培养有助于学生在未来的工作和生活中，应对各种挑战和变化。

实现自主学习能力和创新思维的培养这一多元化教学目标，可以采取以下途径。

一是课程改革。通过改革课程内容和教学方法，注重培养学生的自主学习能力和创新思维。例如，增加选修课程、开设跨学科课程、引入创新教学方法等。

二是教师发展。加强教师培训和发展，提高教师的教育教学能力和创新思维水平。例如，开展教师培训项目、组织教师参与学术交流和研究活动等。

三是学生支持。为学生提供全方位的学习支持和服务，帮助他们解决学习中的问题和困难。例如，设立学习指导中心、提供在线学习资源和服务等。

四是校企合作。加强校企合作，为学生提供实践机会和职业发展支持。例如，开展校企合作项目、建立实习基地等。

## 二、内容体系的丰富性与时代性

第一，教材内容的多样性与实用性。大学英语教材应涵盖广泛的主题，如日常生活、社会热点、科技发展、文化传承等，既体现语言学习的规律性，又贴近学生的生活实际和未来需求。同时，教材内容应注重实用性和时代性，及时更新，反映社会发展的最新动态。

教材内容需要与时俱进，不断吸收新的知识和信息，以适应时代的发展和变化。具体来说，可以从以下几个方面入手：

一是定期更新教材内容。随着科学技术的迅速发展和知识更新速度的加快，教材内容需要定期更新，以保持其时效性和前沿性。

二是引入新技术和新方法。在教学过程中，可以引入新技术和新方法，如虚拟现实、人工智能等，以提高教学效果和学生的学习兴趣。

三是关注社会热点问题。教材内容应关注社会热点问题，如环境保护、人工智能伦理等，引导学生关注社会现实，培养他们的社会责任感和使命感。

教材内容的多样性和实用性是教育教学中不可或缺的两个方面。通过构建丰富多样的教材内容体系、注重知识的实际应用价值，以及关注时代发展和市场需求，我们可以为学生提供更加优质的教育资源和学习体验。[①]同时，也有助于培养学生的自主学习能力和创新思维，为他们未来的职业发展和社会适应能力奠定坚实的基础。

第二，课外资源的拓展与整合。课外资源作为教学内容的重要补充，其丰富性和时代性对于学生的学习效果和能力培养具有重要意义。课外资源的拓展不仅可以拓宽学生的知识面，还可以激发他们的学习兴趣和创造力。同时，将课外资源与课堂教学内容进行整合，可以使学生更好地理解和运用所学知识，提升他们的综合素质。

拓展与整合课外资源可以采用以下几种策略。

一是建立完善的课外资源库。学校可以建立一个完善的课外资源库，包括图书、电子资源、网络课程等，方便教师和学生查找和使用。

二是加强教师培训。教师需要具备一定的课外资源整合能力，以便更好地将其与课堂教学内容进行结合。学校可以组织相关培训活动，提高教师的课外资源整合能力和教学水平。

三是鼓励学生积极参与。学生应积极参与课外资源的学习和利用，发挥自己的主动性和创造力。学校可以设立相关奖励机制，鼓励学生分享自己的学习成果和体会，促进资源共享和交流。

课外资源的拓展与整合是提升内容体系丰富性和时代性的重要途径。因此，学校和教育工作者应重视课外资源的拓展与整合工作，为学生的全面发展提供有力支持。

---

① 刘雪风 . 美育——让英语课堂焕发生命的活力 [J]. 海外英语 (中旬刊), 2010(8)：63.

### 三、教学方法的灵活性与创新性

在快速变化的教育环境中，教学方法的灵活性与创新性已成为提升教学质量、激发学生学习兴趣与潜能的关键因素。这些方法不仅顺应了时代发展的需求，也深刻影响着学生的学习方式、思维能力和综合素质的全面发展。

#### （一）灵活性的内涵与价值

教学方法的灵活性，指的是教师能够根据学生的学习特点、兴趣爱好、认知水平以及课程内容的特性，灵活调整教学策略和手段，以适应不同教学情境的需求。这种灵活性体现在多个方面：

一是教学内容的调整。教师可根据学生反馈和教学效果，适时增减教学内容，确保教学活动既有深度又具广度。

二是教学方式的多样化。采用讲授、讨论、实验、案例分析、项目式学习等多种教学方式，满足不同学生的学习偏好。

三是学习节奏的把控。根据学生的掌握情况，灵活调整教学进度，确保每位学生都能在适合自己的节奏下学习。

灵活性的价值在于，它能够激发学生的学习兴趣，提高学习效率，同时促进师生之间的有效互动，营造积极向上的学习氛围。

#### （二）创新性的探索与实践

教学方法的创新性，则要求教师在传统教学模式的基础上，勇于尝试新的教学理念、技术和方法，以培养学生的创新思维和实践能力为目标。这包括但不限于以下几个方面：

一是信息技术融合。利用多媒体、互联网、人工智能等现代信息技术手段，丰富教学手段，实现教学资源的共享与互动。例如，通过在线课程、虚拟实验室等，打破时空限制，为学生提供更加便捷、高效的学习体验。

二是翻转课堂。将传统课堂中的知识传授环节移至课外，通过视频、阅读材料等形式由学生自主学习，而课堂则成为师生交流、问题探讨和协作实践的场所。这种教学模式能够充分发挥学生的主动性，培养其自主学习和解决问题的能力。

三是项目式学习。围绕真实世界的问题或挑战，设计跨学科的学习项目，让学生在实践中学习知识、掌握技能、培养团队协作能力。项目式学习能够激发学生的学习兴趣，提升其创新思维和实践能力。

### （三）灵活性与创新性的融合

教学方法的灵活性与创新性并非孤立存在，而是相辅相成、相互促进的。灵活性为创新性提供了广阔的空间和可能，而创新性则进一步丰富了教学方法的多样性。在实践中，教师应将二者紧密结合，不断探索和尝试新的教学路径，以适应时代发展和学生成长的需求。

例如，教师可以根据课程内容和学生特点，设计一系列具有挑战性的学习任务，通过小组合作、角色扮演、模拟实验等多种方式完成。在任务执行过程中，教师可以灵活调整指导策略，鼓励学生发挥想象力和创造力，提出新颖的解决方案。同时，教师还可以利用信息技术手段，为学生提供丰富的学习资源和即时反馈，帮助学生更好地理解和掌握所学知识。

教学方法的灵活性与创新性是提升教学质量、促进学生全面发展的重要保障。在未来的教育实践中，我们应继续深化对教学方法的研究和探索，不断创新和完善教学策略和手段，以更好地适应时代发展和学生成长的需求。只有这样，我们才能培养出更多具有创新精神和实践能力的人才，为社会的进步和发展贡献力量。

## 四、评价体系的全面性与科学性

评价体系的全面性与科学性是确保评估结果准确、公正、有效的关键要素。一个全面且科学的评价体系能够全面反映被评估对象的真实情况，为决策提供有力支持。

### （一）评价体系的全面性

#### 1.涵盖广泛领域

一个全面的评价体系应涵盖多个领域，包括经济、社会、环境、文化等多个方面。这确保了对被评估对象的全面审视，避免了片面性和单一性。例如，在教育评价体系中，除了关注学术成绩外，还应注重学生的综合素质、创新能力、社会实践等方面的评价。

2. 维度多元化

评价体系应具备多个维度，以全面反映被评估对象的各个方面。这些维度可以是定量的，也可以是定性的，具体取决于被评估对象的性质和特点。在构建评价体系时，应充分考虑被评估对象的复杂性，选择适当的维度进行评价。

3. 评估对象多样

评价体系应适用于不同的评估对象，包括个人、组织、项目等。对于不同的评估对象，需要采用不同的评价指标和方法，以确保评估结果的准确性和公正性。例如，在企业评价体系中，可以根据企业的不同发展阶段和行业特点，设置不同的评价指标和权重。

## (二) 评价体系的科学性

1. 基于科学理论

评价体系应建立在科学理论的基础上，遵循客观规律，确保评估结果的准确性和可靠性。在选择评价指标和方法时，应充分考虑其科学依据和适用性，避免主观臆断和随意性。

2. 量化与定性相结合

评价体系应采用量化与定性相结合的方法。量化指标能够提供客观的数据支持，而定性指标则能够深入揭示问题的本质和内在规律。通过综合运用这两种方法，可以更加准确地评估被评估对象的实际情况。

3. 动态性与适应性

评价体系应具备动态性和适应性，能够随着被评估对象的变化而不断调整和完善。在构建评价体系时，应充分考虑被评估对象的发展趋势和潜在风险，设置合理的预警机制和应对策略。同时，评价体系还应能够适应不同情境下的评估需求，为决策提供及时、有效的支持。

4. 可操作性与实用性

评价体系应具有可操作性和实用性，能够方便评估人员理解和执行，应充分考虑其可行性和实用性，避免过于复杂和烦琐。同时，评价体系还应具备易于获取和使用的数据资源，以便评估人员能够方便地获取所需信息并进行有效评估。

构建评价体系应充分考虑被评估对象的性质、特点和发展趋势，选择适当的评价指标和方法，并遵循科学原则进行设计和实施。同时，评价体系还应具备动态性和适应性。

## 五、师资要求的专业化与国际化

### (一) 教师专业素养的提升

师资要求的专业化与国际化是现代教育发展的重要趋势，对于提升教师的专业素养具有重要意义。

1. 教师专业素养的专业化要求

一是学科知识的深厚基础。教师首先应具备扎实的学科知识，对所教学科有深入的理解和掌握。这包括学科的基本理论、核心概念、研究方法等，以确保能够为学生提供准确、全面的学科知识。

二是教学技能的提升。除了学科知识外，教师还应不断提升教学技能，包括教学设计、教学方法、课堂管理等方面。通过不断的实践和学习，教师应能够灵活运用各种教学策略和手段，激发学生的学习兴趣和潜力，提高教学效果。

三是持续学习与专业发展。教师应保持持续学习和专业发展的态度，不断更新自己的知识结构和教学理念，以适应不断变化的教育环境和需求。同时，教师还应积极参与各种专业培训和学习活动，提升自己的专业素养和综合能力。

2. 教师专业素养的国际化要求

一是国际视野的拓展。教师应具备开阔的国际视野，了解国际教育的最新发展动态和趋势，以便更好地引导学生认识世界、理解多元文化。这包括关注国际教育政策、了解国际先进的教育理念和教学方法、参与国际学术交流与合作等。

二是外语能力的提升。外语是国际化教育的重要工具，教师应具备较好的外语能力，以便能够与国际同行进行有效的交流和合作。通过外语学习，教师可以更好地了解国际教育的最新动态和趋势，提升自己的国际化素养。

三是跨文化交流能力的培养。国际化教育要求教师具备跨文化交流的能力，包括理解不同文化背景下的教育观念和教学方法、与不同文化背景的学生和家长进行有效沟通等。通过跨文化交流能力的培养，教师可以更好地适应国际化教育的需求，促进学生发展。

### （二）国际化视野的拓展

在全球化的背景下，大学英语教师应具备国际化的视野和跨文化交流的能力。师资要求的专业化与国际化中，国际化视野的拓展是至关重要的一环。

1. 国际化视野拓展的具体策略

（1）参与国际交流与合作

一是参加国际教育研讨会。教师可以通过参加国际教育研讨会，与来自不同国家和地区的教育者交流，了解他们的教育理念、教学模式和教育政策。

二是建立国际合作关系。学校和教育部门应积极与国外教育机构建立合作关系，为教师提供更多的国际交流机会。

三是国际研修项目。教师可以申请参加国际研修项目，到国外学校、研究机构或教育部门进行交流与学习，深入了解不同国家和地区的教育发展现状。

（2）引入国际教育资源

一是优质教材与教具。教师可以引进国外优质教材、教具和多媒体教学资源，让学生接触到更加多样化和先进的教学内容。

二是在线学习平台。利用国际在线学习平台和教育网站，获取来自世界各地的教育资源，拓宽自己的教学资源和知识储备。

（3）跨文化教学活动

一是设置跨文化交流的课堂活动。教师可以通过设置跨文化交流的课堂活动，引导学生了解不同国家和地区的文化、历史、地理等方面知识，拓宽学生的国际视野。

二是组织学生参与国际交流项目。如学生交换计划、国际志愿者等，让学生亲身体验不同的文化和教育环境，提升他们的国际交往能力和跨文化沟通技巧。

（4）政策支持与激励

一是政府政策支持。政府可以通过制定相关政策，如提供资金支持、设立国际交流奖学金等，鼓励教师参与国际交流与合作。

二是学校激励机制。学校可以建立相应的激励机制，如将国际交流经历作为教师职称评定、绩效考核的重要指标，激发教师参与国际化的积极性。

2. 国际化视野拓展的展望

一是提升教师专业素养。通过国际化视野的拓展，教师可以不断提升自己的专业素养和综合能力，成为具有国际竞争力的优秀教师。

二是推动教育国际化进程。教师的国际化视野拓展将有力推动教育领域的国际化进程，促进国内外教育资源的共享与交流。

三是培养国际人才。具有国际视野的教师能够培养出更多具有国际竞争力的人才，为国家的经济社会发展做出更大贡献。

国际化视野的拓展是一项长期而艰巨的任务，需要政府、学校、教师以及社会各界的共同努力和支持，才能取得更加显著的成效。

## （三）科研与教学相长

科研与教学相长是一个核心要素，它体现了教师在专业成长和国际化进程中，科研与教学之间的紧密联系和相互促进。

在高等教育领域，师资的专业化与国际化已成为提升教育质量和国际竞争力的关键。其中，科研与教学相长不仅是教师专业成长的内在需求，也是推动教育国际化的重要动力。

1. 科研与教学相长的内涵

科研提升教学质量。教师通过科研活动，能够不断更新学科知识，掌握前沿研究方法，从而将这些成果融入教学中，丰富教学内容，提升教学质量。

教学促进科研发展。教学实践为教师提供了宝贵的反馈和灵感，有助于教师发现新的研究问题，验证科研假设，推动科研的深入发展。

2. 科研与教学相长的实践策略

（1）构建科研与教学互动平台

鼓励教师将科研成果转化为教学资源，如编写教材、开发教学案例等。支持学生参与科研活动，通过实践学习提升科研能力和创新能力。

（2）加强师资队伍建设

引进具有国际化背景和科研实力的优秀教师，提升教师队伍的整体水平。定期组织教师参加国内外学术交流活动，拓宽视野，提升科研与教学能力。

（3）完善评价体系

将科研成果纳入教学评价体系，鼓励教师在教学中引入科研元素。建立科研与教学相长的激励机制，对在科研与教学方面取得突出成果的教师给予表彰和奖励。

3. 科研与教学相长的国际化视角

（1）国际科研合作

加强与国际知名高校和研究机构的合作，共同开展科研项目，提升科研水平。邀请国际学者来校讲学、交流，促进学术思想的碰撞和融合。

（2）国际教学资源共享

引进国际优质教学资源，如在线课程、教学软件等，丰富教学手段和内容。鼓励学生参与国际交流项目，如海外实习、交换生等，拓宽国际视野。

科研与教学相长是实现教育高质量发展的重要途径。通过构建科研与教学互动平台、加强师资队伍建设、完善评价体系以及推动国际科研合作与教学资源共享等措施，可以有效提升教师的专业素养和国际化水平，为培养具有国际竞争力的人才提供有力支持。未来，随着教育国际化的不断深入和全球科技的不断进步，科研与教学相长的理念将得到更加广泛的认同和实践，为高等教育的可持续发展注入新的活力。

综上所述，大学英语教学具有教学目标多元化、内容体系丰富性与时代性、教学方法灵活性与创新性、评价体系全面性与科学性以及师资要求专业化与国际化等显著特征。这些特征共同构成了大学英语教学的独特魅力，为培养具有国际视野、跨文化交际能力和创新精神的国际化人才奠定了坚实的基础。未来，随着社会的不断发展和教育改革的深入推进，大学英语教学将继续保持其鲜明的时代特色和创新活力，为推动我国高等教育事业的发展和国际交流与合作做出更大的贡献。

# 第五节　英语教学设计

## 一、英语课程设计

课程设计是按照育人的目的和要求，制定课程标准和编制各类教材的过程。"课程设计最优化"是从实际出发，探求课程的最大价值，取得课程设计的最佳效果。英语课程设计也必须遵循这一原则。

### (一) 英语课程设计原则

第一，整体性原则。按系统论来说，教学过程是一个整体，是一个多任务、多层次、多要素构成的复杂系统。

第二，统一性原则。教学程序是由教与学的双边活动构成的。教学系统必须首先正确处理教学系统中教与学的关系。

第三，多样性原则。教学程序是从实现教学目标出发，提高学生的原有水平，从而达到预期成就的过程。因此，教与学必须灵活多样。

第四，连贯性原则。程序的连贯性的最终目的在于使学生的学习达到预期的成绩和水平。

第五，主动性原则。此原则要求构成程序的各个步骤不仅要列出各步的教学任务，同时还要列出各步实现任务的动作，这是保证完成学习任务所不可缺少的关键。因为任何经验的积累，总是在主客体相互作用过程中，在反映对象的基础上实现的。

英语课程设计是一个涉及多方面因素的系统工程，其目标在于提高学生的学习效率，培养他们的语言综合运用能力。

### (二) 英语课程设计方法

1. 明确教学目标与需求

首先，课程设计者需要明确教学目标，这包括长期目标和短期目标。长期目标通常与提升学生的听、说、读、写能力，以及加强语法和词汇的应用能力相关。短期目标则更为具体，如每个学期或单元需要达到的学习成果。同时，课程设计还需充分考虑学生的实际需求，包括他们的年龄、英语水平、学习风格及兴趣点等，以确保教学内容和方法的针对性和有效性。

2. 选择合适的教学内容

教学内容的选择是课程设计的重要环节。教师应根据学生的实际情况和教学目标，选择具有启发性、趣味性和实用性的教材。教材应包含丰富的语言材料，如故事、新闻、歌曲等，以激发学生的学习兴趣。同时，教学内容应与学生的实际生活和学习需求紧密相关，便于他们在真实语境中运用所学知识。

3. 采用多样化的教学方法

为了提高教学效果，课程设计者应采用多样化的教学方法。这包括互动式教学、多媒体辅助教学、情境教学等。互动式教学可以通过小组合作、角色扮演、辩论赛等方式，提高学生的口语表达能力和语言运用能力。多媒体辅助教学则可以利用教学软件、视频、音频等资源，为学生提供丰富的语言输入和输出机会。情境教学则通过模拟真实场景，让学生在实践中掌握相关词汇和句型。

4. 设计有效的教学环节

教学环节的设计是课程实施的关键。课程设计者应根据教学目标和内容，设计合理的教学环节，包括导入、讲授、练习、反馈等。导入环节应新颖活泼，能够迅速吸引学生的注意力；讲授环节应清晰明了，重点突出；练习环节应设计精巧，有层次、有坡度、有密度；反馈环节则应及时准确，帮助学生明确改进方向。

5. 持续优化课程设计

课程设计不是一成不变的，而是一个持续优化的过程。课程设计者应关注教育理论和教学技术的最新发展，及时调整和更新教学内容和方法。同时，根据学生的反馈和教学效果，对课程设计进行反思和调整，以提高其针对性和有效性。

综上所述，英语课程设计需要综合考虑教学目标、学生需求、教学内容、教学方法、教学环节以及评估与反馈等多个方面。通过科学的设计和实施，可以提高学生的英语学习效果，培养学生的语言运用能力。

## 二、英语教案设计

备课是上好课的前提，教案是备课的书面成果。教案是教师根据教材内容精心设计的蓝图，是把握大纲和处理教材的结果体现，也是课堂教学所遵循的章法。英语课堂效率能否提高，在很大程度上取决于教师的备课和教案的设计。教师备课越认真，教案设计得越全面，教师的主导作用与学生的主体作用就越能得到充分发挥，课堂效果也就越佳。所以，教师需钻研教学大纲，熟悉教材，明确教学要求，并且参考教师教学用书的建议，根据实际教学情况和学生的需要备好课，这样才能有效地进行教学。

### (一) 设计教案的程序

设计教案是一个有程序的系列活动过程，我们可把它的基本程序概括为：

第一，钻研英语教学大纲、新课程标准，学习新理念、新理论。

第二，认真备教材。教师除了要熟知教材各单元的语言知识外，还应对教材所包含的文化内涵有深刻的理解。因为语言是文化的载体，英语教材中渗透了大量自然科学和人文科学知识。因此，教师在教学中应做到融英语语言与思想品德、社会、自然等各个学科的知识为一体。

第三，认真了解学生。教师应对学生的英语学习情况、学习方法、学习兴趣、爱好和特长等了如指掌。因为，多方面掌握学生的情况有利于教师根据学生的不同特长设计和安排任务。

第四，认真准备方法，设计任务。方法要灵活多样，符合学生的身心特点、知识水平；任务要具有趣味性、可操作性、交际性、科学性和可拓展性。任务的设计要具有语用、语境和语义三个方面的真实性，并符合学生的真实兴趣。学生完成任务的过程就是课堂教学的过程。学生通过完成任务不断获得任务所需要的信息、知识、能力和技能。

第五，任务要有助于训练学生的听、说、读、写四项基本技能。任务的排列应具有阶梯性，即由简到繁，由易到难，前后相连，层层深入，形成由初级任务到高级任务和由高级任务涵盖初级任务的循环。任务环要有助于学生英语知识面的拓宽，有助于学生语言技能的掌握和语言运用能力的提高。

第六，撰写教案，有条件的制作 CAI 课件。

### (二) 设计教案的原则

#### 1. 坚持整体思路

整体思路包含三层意思：首先，要通览全书（至少要通览本学期的全部内容），吃透教材。认真学习教材，研究教法，对某一课某一内容反复比较用何种方法，以便在施教前做到心中有数。熟悉教材，分清教材的重点、难点，了解各单元之间的联系、各课之间的衔接。其次，要以单元为整体来备课。最后，在时间和内容安排上，不要死抠一课时只教一课，可根据学生的基础和教学内容的实际灵活变通。重点和难点内容可多安排一点时间，非难点的一般内容可少安排一点时间，避免平均用力、走过场，形成"夹生饭"。

#### 2. 坚持难点分散

难点分散是指全书、各单元的重难点都在备课中体现出来，因此，对每一课的备课，必须以每个单元的重难点为前提，改进教学方法。备课时，切忌把每节课作为一个单位来备，这样抓不住每单元的重点，讲课容易平均使力，重点内容易被忽视，不仅教学效果差，而且教学任务也完成不了。每一课的备课必须与每一单元的重难点一致。

#### 3. 充分利用和发挥系列教材

新教材的特点之一，是系列配套。这些配套教材既有文字资料，又有音像资料。各种文字资料图文并茂，色彩鲜明，形式多样，贴近生活，音像资料语音、语调纯正，图像清晰、逼真，内容丰富多彩。它们为我们提供了功能齐全的教学资料，是我们进行听、说、读、写训练，教学语音、词汇、语法理想的教学参考资料和教具。如何充分发挥它们的机能作用，有效地为我们的教学服务，这就需要靠我们教师在备课时精心安排，巧妙合理使用。

#### 4. 注意信息反馈

教学的对象是学生，学生是学习的主体。一个教师若只根据教材内容来备课，而不考虑学生的主体作用，那么教学效果也不会好。因此，备好一节课除备教材外，还应"吃透"学生情况，经常深入学生中间，了解学生的知识结构，结合课堂提问，针对学生的"学法"来选择、调整教法。一个好的教案，一般应是教材教法与学生学法的完美结合。经常利用学生的反馈信息及时调整自己的教案，做到因材施教，充分发挥学生的主观能动性，从而从根本上改变传统的注入式教授法。

# 第六节　英语教学管理

## 一、英语教学提问

提问是教学过程中师生之间进行相互交流的方式，是引发学生产生心智活动，并作回答反应的信号刺激，是促进学生思维发展的手段和途径。英语课堂教学提问，是指在英语课堂教学中，教师根据一定的教学目的和要求，针对有关的教学内容，设置一系列问题情景，要求学生思考回答，以促进学生积极思维，提高教学质量。

### (一) 英语课堂提问的意义和作用

问答是英语课堂师生间最有效的双边活动，这是由英语学科的自身特点决定的。英语作为一门外语，其主要教学目的是培养学生的英语综合运用能力。英语教学理论认为：英语课堂教学的双边活动主要是模仿、机械操练、意义操练、交际性操练 (语言实践) 以及师生间在真实语境中的交流 (言语实践)。越是初级阶段的英语教学，双边活动中各种操练性质的问答就越多。有研究表明：在学校教育的各科教学中，英语课堂提问无论是提问人次还是频率都高于其他学科。因此，从英语学科特点、教学内容和学生实际出发，对英语课堂提问进行深入研究，对提高英语课堂教学质量有着深远的意义。[①]

正确、恰当、适时的英语课堂提问对学生可以起到集中注意力、激发学习动机和兴趣、提示重点、强化记忆、检查学习效果、促进创造思维、发展语言交际能力等多方面的作用，是英语教师搞好教学的一项重要技能。英语课堂提问的作用有以下五个方面：

第一，检查已学过的知识。教师课堂提问的目的之一是检查学生对以

---

[①] 吴竞 . 英语课堂教学改革与学生兴趣的培养 [J]. 中小企业管理与科技，2013(34)：97.

前所学知识、技能的掌握情况，加强新、旧知识的联系，为继续学习打下坚实的基础。教师的课堂提问是建立在学生已有知识经验的前提下，并要求学生回答。学生经过独立思考后回答的过程，也是学生的大脑对以往所学知识的思维加工、重新联想和组合、再现和提取的过程。教师核心设计的问题又往往是前面所学知识的重点、难点、关键部分，它们承上启下，既是对以前所学知识的复习、巩固，又是为学习新知识打基础。提问学生，复习旧知识，为新知识的学习架设桥梁，使新知识有机地同化于旧知识体系中。

第二，给学生提供参与机会，提高表达能力。在课堂提问中，教师不仅为学生学习语言提供了一个标准的示范，而且可以使学生得以表明观点、流露感情、锻炼口才。一个问题可以为几个学生发表意见创造机会，壮大学生回答问题的胆量，十分有助于学生表达能力的提高。这些对学习外语都至关重要，只有多练多表达，才能逐渐表达自如。

第三，活跃课堂气氛，增进师生感情，促进课堂教学和谐发展。课堂气氛与一定的教学环境中师生间关系的特点和性质有关。传统的英语课堂教学，受"注入式"教学法的影响，教师"一言堂"，学生无一人发言，课堂秩序"良好"。教师若巧妙地运用提问艺术，就能调动学生学习的积极性，活跃学生的思维，使学生的思维活动处于积极状态。问题提得好，甚至能"投石冲开水底天"。教师的课堂提问是根据教材的内容，针对学生的实际情况而进行的，对不同的学生提出不同的问题，是教师对学生情况了解和研究的结果。学生对不同问题做出不同程度的回答，又可以得到教师的评价。当教师鼓励学生公开表达自己的观点，并对学生的发言给予好的感情支持时，师生感情油然而生，促进师生和谐发展。

第四，有利于充分发挥教师的主导作用和学生的主体作用。英语教学是英语教师的教和学生的学组成的双向活动。教师起着主导作用，学生既是教育的客体，又是学习的主体，具有积极性和主动性，教师的主导作用和学生的主体作用是辩证统一的。没有教师的课堂提问就没有学生的思考、答疑；没有教师的启发、诱导就没有学生的积极研究，"教是为了不教"。当前英语作为中小学必修科目并未能受到学生的广泛欢迎，其原因是过于沉闷的"填鸭式"教学。如果英语教师能注意取人所长，多研究教学，提问一些能体现英语魅力所在的问题，充分发挥其引导作用，必然能使学生心情豁然开朗，提高接受能力和英语学习的主动性。

第五，获得反馈信息，及时改进教学，调整教学进程。在英语课堂教学中，英语教师针对不同程度的学生提出不同程度的问题，让学生回答，根据学生的回答情况，可以判断出他们对所学知识的掌握程度，了解他们智力活动的方式和反应速度。教师根据课堂提问所获得的反馈信息，及时找出原因，调整教学进程。必要时，教师要采取一定措施，对个别学生的疑难进行个别辅导，对多数学生的共同难题采取集体辅导。

### （二）英语课堂提问的原则

英语课堂提问是集体学习中引起互助活动的刺激。它有利于学生之间相互启发，共同提高；可以促进人际活动，加强个体之间的沟通，增强学生社会意识。英语课堂提问要符合以下原则和要求：

一是目的性。每次发问必有所作为，或引起注意，或强调重点，或激发、引导学生思考，均须符合教学目标的需要。

二是准确性。把握事物本质和因果关系，探究对象的具体情况，设问不能大而空。

三是条理性。思路明确，由已知到未知、由近及远、由表及里、由此及彼地有序进行，不要信口开河，不合逻辑，不连贯地孤立提问。

四是启发性。引导学生思维，激发学生的心智活动，由浅入深，由易到难，由认知记忆到分析推理，得出结论。

五是多样性。根据教学目的和教学内容需要，创造性地运用多种功能类别的提问，要特别加强推理性提问和创造性提问的编拟；创造性地运用各种句式的提问，不仅有疑问句式，还包括引出语言反应的叙述句。

六是普遍性。提问对象是全班各种程度、各种位置的学生，不能仅仅是优秀学生或成绩差的学生。难易、复杂程度的比例要适当。

七是选择性。根据问题的难易、复杂程度选择不同的学生回答问题。

### （三）英语课堂提问的类别

广义上讲，提问是指任何有询问形式或询问功能的教学提示。据此，我们从英语学科特点出发，把课堂提问分为课堂程序性提问、课文理解性提

问、现实情景性提问三种:

**1. 课堂程序性提问**

课堂程序性提问与课堂进展程序和课堂管理的指令有关,目的在于落实教学计划,实施课堂活动,检查学生的学习状况,从而保障教学步骤的自然衔接和实施。这类问题原则上宜短不宜长,而且不宜重复。课堂程序性提问的目的可分为:发出教学指令、检查教学进度、征求教学意见(评价)。

**2. 课文理解性提问**

课文理解性提问有三种类型:展示型、参阅型和评估型。展示型提问是教师根据具体教学内容进行的提问。这类问题只要求学生对课文进行事实性的表层理解,并根据短时记忆或者查看课文找到答案。参阅型提问是根据课文相关信息进行提问。这类问题没有现成的答案,学生要结合个人的知识和课文所提供的信息进行综合分析。评估型提问要求学生在理解课文的基础上进行深层次的逻辑思维,运用所学语言知识就课文的某个事件或观点发表自己的看法。

**3. 现实情景性提问**

现实情景性提问主要是"根据学生的现实生活、现有知识或课堂上的情景状态等一些实际情况进行事实性提问,要求学生根据自己的实际情况进行回答"。教师在组织现实情景性提问时,要注意问题的铺垫和过渡,充分利用追问和深问的提问技巧,使问题不流于形式(只进行事实澄清的问答),与学生进行真正的交流。

### (四)英语课堂提问的艺术

**1. 计划性强,思想性强**

英语教师要统筹安排教学内容,合理设计问题并对学生的可能性答案做到心中有数,对怎样引导和分析学生的问答活动要有预先估计和安排。在目标导向的英语课堂教学中,要结合教学内容设计问题,对学生进行德育渗透和人格培养。

**2. 难度适当,坡度适中**

由于英语学科的特殊性,教师在设计问题时,要充分考虑问题语言的难易度,问题表述要符合学生的认知水平、学生的心理和年龄、学生的实际

（包括文化素质、智力水平），难度既不偏高，也不偏低。问题设计必须做到由浅入深，以旧导新，从易到难，使学生通过问题解答，逐步突破难点，把握要领，掌握规律。

3. 层次清楚，针对性强

英语课堂提问要做到难点明确、重点突出，必须注重问题设计的层次性和针对性。问题设计的层次性，一是指问题不能一次性全部展现给学生，要按照教学程序和问题层次（展示型、参阅型和评估型问题）循序渐进地提问；二是指针对不同层次的学生设计不同的问题，如提问较差学生表层的展示型问题，提问中等生较深层的参阅型问题，提问优等生概括、评价、发挥性的评估型问题。

问题设计的针对性，一是指问题设计要针对教材，在教学的关键处反复设置，始终围绕教学的重点层层展开，即从温故知新的复习到新课的导入、从语言知识的理解到言语技能的运用、从归纳总结的聚敛到触类旁通的发散，教师的设计应始终围绕着教学目标和突出重点展开；二是指针对学生的理解能力和现阶段的知识水平提出相应的问题，使不同层次的学生理解、掌握和巩固所学知识和技能，遵循着教师的思路理解语言现象，解决语言问题，并使所有学生在原有知识水平上都有提高，从而保证教学任务的落实。

4. 角度新颖，量度适宜

问题设计要考虑学生学习和社会生活的面，要抓住热点、关注焦点、把握兴奋点，使学生有思维动力、思维空间和思维成果，即有感而发，有话可说，"思"有所得。另外，浅显的问题换换问法，也是问题设计角度新颖的具体表现。课堂提问不是越多越好，而是要坚持适量、适度，要保证学生的智力活动张弛有序。

5. 面向全体，关注提问"质"与"量"

从提出问题的策略上讲，面向全体是指教师提出问题后目光要扫视全体学生，保证全体学生都有时间、有动力进行思考。

对于整堂课的教学而言，教师应保证每个学生都能得到操练的机会，允许不同水平的学生回答问题。另外，教师不需要点名，采用 one by one（逐一）、pair by pair（逐对）、row by row（逐行）、group by group（分组）、the whole class（全班）等操练方式，依次进行模仿和连锁问答，就能增加提问的人次，扩大问题的覆盖面，在提问人次上达到足够的"量"。同时应更多地关注提问的"质"。教师不但要根据教材和学生实际设计高质量的、能引发学生思考的问题，还要有意识地给予思考时间（让学生认真思考和组织语言，或避免错误的产生），保证更多的学生参与。

6. 变换提问主体，突出学生的主体性

英语教学中，无论是操练还是交际性的活动，我们的 ask and answer（问答）方式都必须做到师生双向联系、师生网状联系和生生网状联系，培养、加强学生的提问意识。生生网状联系的模式是最理想的活动形式，也最能体现学生的主体作用。

7. 培养良好的问答习惯

在英语课堂问答活动中，面向全体，实现师生双向互动或多向互动，养成良好的快速问答习惯至关重要。在问答过程中，教师或学生应尽可能迅速、高声。一人回答，其他人要注意听，判断其回答是否正确并随时准备补充或纠正。培养良好的问答习惯，师生间的默契配合十分重要。为了节约教学时间，增加提问人次，扩大提问的覆盖面，英语教师应充分利用体态语控制全班，一般来说，教师就像乐队的指挥，举手投足，甚至一个眼神都能成为督促学生时时备问，指挥学生个体答、集体答、依次答、随机答的教学指令。

8. 注意问答处理策略

在问答过程中，英语教师要允许学生说完再适当点拨；要适时纠错，适当宽容，要以鼓励为主，恰当评价。

## 二、英语教学启发

### （一）启发式教学及其功能

孟子曰："引而不发，跃如也。"说明了教师要善于诱导。"启发"作为一种教学思想，随着时间的推移和社会的进步而不断地被阐释出新意。如果当年孔子讲的"不愤不启，不悱不发"只是一种教学方法的话，那么当代的启发式教学已经超越了方法、技艺层次，而上升为一种建立在现代教学原理基础之上的教学普遍法则。其思想精华便是尊重并弘扬学生的主体性，唤起学生积极的学习动机并以尊重学生的认识主体地位为前提，以诱发动机、激励思想、实现知识经验的成功转化为内涵，以民主平等的师生关系、教学关系为保证。

启发式教学是老师根据学生认识的客观规律以及他们的理解能力和知识水平，充分调动学生学习的主动性，激发其内在的学习动力，实现教师主导作用与学生主体作用的结合，系统知识的学习与智力充分发展的结合，书本知识与直接经验的结合，引导好学生的学习过程，使他们经过独立思考，融会贯通地掌握知识，并提高理解、分析和解决问题的能力。启发式教学的特点在于发展学生的智力，培养"创造型"人才。

启发式教学作为一种教学思想和总的教学方法，一旦正确地用到教学实践中，就会显示巨大的功能，主要表现为以下三个方面：

一是激发功能，即能够有效地激发学生的学习动机，促使学生积极、主动、自觉地学习。

二是引导功能，即能够引导学生积极思维，并帮助学生掌握科学的思维方式和方法。

三是发展功能，即能发展学生智力、培养学生能力、造就创造型的人才。

### （二）运用启发式教学的原则

在英语教学中要正确地应用启发式教学，我们要遵循七个基本原则：

一是教师主导，学生主体。教学中既要充分发挥教师的主导作用，进行启发、诱导、激励，又要充分发挥学生的主体作用，引导学生主动探索、积极思考、自觉实践，生动活泼地进行学习。

二是协调发展，突出能力。教学在传授知识的同时，要强调智力的发展，突出能力的培养。

三是了解实际，因材施教。教学中要充分了解教学对象的年龄特征、身心发展规律和已有的知识水平、接受能力以及性格爱好等，做到针对实际，启而有发，问而有答，因人而异，因材施教。

四是激发动机，引起兴趣。教学中善于运用新颖充实的教学内容、生动形象的教学方法、丰富多彩的教学手段，进行启发诱导，激发学生强烈的英语学习动机和浓厚的求知兴趣。

五是分清主次，抓主要矛盾。教学中要分析、研究教学的重点和难点，做到重点明确、条理清晰、详略得当，抓住主要矛盾，在要害处进行启发。

六是教学民主，多向传递。教学中发扬民主作风，营造良好的多项信息交流的课堂氛围，做到在愉快的情境中进行多种形式的启发。

七是教会学习，授予方法。教师在教学中不仅要用启发的方法引导学生掌握知识，而且要教学生学会学习，掌握学习策略，为其终身学习打下良好的基础。

### (三) 英语启发式教学的艺术

#### 1. 激趣寻疑术

这是指激起学生对问题的兴趣以及探索问题、寻求答案的强烈愿望。众所周知，疑是思之端，是探求真理的钥匙。小疑小进，大疑大进，群疑并兴乃骤进。有"疑"就有"思"，有"思"就有"问"，有"问"就有"悟"。为给学生寻疑多问创造条件，教师授课不宜讲得太细，应有所存疑，还应给学生创设寻疑情境。

#### 2. 争论求异术

创设争论情景，引导学生寻求问题的多种答案，这样可以突破定向、单向思维的框架，突破过去只习惯于求同思维的模式，使学生思维的通道完全敞开，思维的角度灵活多变，思维的深度逐步加深。但教师要善于保护学生饱满的学习情绪，保护学生显露出来的创造意识，注意学生的新鲜感受，即灵感的爆发式的领悟和理解，积极肯定学生不拘一格的创新见解。

#### 3. 欲擒故纵术

"擒"即"取"，是指良好的学习状态和课堂效果之"取"；"纵"即"予"，是指学习主动权和思考机会的给予。在教学中能否取得良好的学习状态和课堂效果，则主要取决于教师的主导作用发挥得是否正确。采用启发式教学有助于改变沉闷的封闭式的课堂教学，以学生为主体，充分调动学生的主动性和积极性，以教促学，以教导学，以教助学，使教服务于学。因此在课堂上教师不再是单纯扮演讲授者的角色。在介绍新授内容时，教师应是讲解员、示范者，教师生动的表演，可以营造轻松、愉快、活泼的气氛，消除学生的心理障碍，使他们思维活跃，处于最佳的学习状态。在进行语言操练时，教师既是引导者又是指挥者，在教师巧妙的指挥下，学生的思维完全置于开放的、有序的状态之中。在进行各种形式的交际练习时，教师充当监督者，检查练习情况，或发现问题，给予辅导。在复习和巩固阶段，教师又是学生学习的好帮手。对学生的点滴进步要满怀热情地给予表扬和鼓励，对他们的困难和问题要耐心分析并加以辅导，使其逐步解决。凡是学生通过思维能自己解决的问题要引导他们独立解决。教师的答疑不应仅仅是让学生知道结论而不再提问，而应该多提出问题，让他们的思维更加活跃，向更深的知识层次开拓。

4. 延时评价术

以存疑的方式延缓对学生思路与言路的评价，便于"存疑以励志"，鼓励其独立思考能力和创造精神。对于这类文中没给出明确答案的问题，教师不要轻易下结论，以免挫伤学生的积极性。最好引导学生讨论，因为即使是一个没有结论的讨论，也有利于思维的深化，有利于兴趣的提高。不难想象，这种思维的火花一经点燃，那烈焰必然延伸到课堂45分钟之外，学生追求知识将达到欲罢不能的境地。

5. 活动转化术

活动是知识和经验转化的实践基础，通过感性操作、理性操作，适时地引导学生动手、动脑、动口，从而实现知识的转化。教师可通过演（acting）、唱（singing）、画（drawing）、游戏（playing games）等多种方式，模拟真实的生活情境，使学生在贴近生活的语言实践中获得知识。

总之，运用启发式教学的具体方法多种多样，教师应善于利用学生已有的生活经验和感性知识，引起他们的联想，引导他们由此及彼、举一反三地进行学习。

## 三、英语教学纠错

学生犯语言错误是一种普遍现象。几乎在外语教学的每个阶段，每个方面，错误都有可能出现。分析研究学生的错误可以不断改进教学。应用语言学家科德曾对学生学习中语言错误研究的意义有过这样的阐述：对教师而言，这是了解学生使用什么手段和程序来教授语言的途径；对学习者而言，这是学习不可缺少的手段。因而外语教师的一项重要任务是预防和纠正学生的语言错误。①

### (一) 纠错的意义

纠错是指教师在英语教学过程中，对学生的听、说、读、写、译等实践活动所出现的各种问题，如语音、拼写、词汇、句型、语法、语篇以及不符合英语母语文化习俗的言行等给予指导和帮助的一种方式。正确、巧妙的纠错能使学生形成良好的语言学习习惯，对提高口头、笔头表达能力起立竿见影的作用。

### (二) 纠错的原则

纠正错误是对学习者的语言应用的一种反馈形式，课堂离不开纠错，但不是每个错误都要指出，都须纠正。如果能在交际活动结束后纠正的错误却要打断谈话来纠正，这样做是无益的，因此在纠错时要遵循以下原则：

一是选择性。学生在口头、笔头交际时发生的错误有两大类：一类是习惯性错误；另一类是偶发性错误。

二是启发性。尽量通过教师的启发，让学生自己纠正自己的错误，说出正确的形式，较少由教师直接告诉他们正确的答案。

三是鼓励性。学生只有在语言训练和语言实践活动中，才能运用语言，错误是不可避免的。所以在纠正错误时应重在鼓励，防止学生产生过分的焦虑和挫折感，更不能讽刺挖苦学生，伤害学生的自尊心、自信心和积极性。

四是目的性。诊断与纠正错误应以语言练习或语言实践的不同目的为重点，如在以教语音、语调为目的的语音课上，纠正的重点应放在语音、语调上，语法错误不宜过多纠正；同样，在以掌握语法规则为目的的语法课上，纠正的重点应放在语法错误上，对语音、语调错误就应宽容些。

五是策略性。学生在语言训练和语言表达中的错误是多种多样的，产生错误的原因及纠正错误的方法也是多种多样的。教师应根据教学需要，讲究纠错策略、技巧和艺术性，注重纠错效果。例如，在语言交际的过程中，教师一般不宜打断学生的谈话进行纠错，而是在谈话结束或暂停时进行。

① 胡珊. 情感因素在英语教学中的作用 [J]. 楚雄师范学院学报，2005（2）：115–120.

### （三）产生错误的原因

第一，语间干扰。语间干扰是指学生母语对正在进行的英语学习的影响。在大多数情况下，特别是当学生想要表达的内容超过了他目前掌握的新语言形式的范围时，来自母语的影响不可避免，这种影响就变成了错误的来源。

第二，语内干扰。所谓语内干扰就是学生根据已经获得的有限的、不完整的外语知识和经验，类推出偏离规则的错误语言形式。不同母语背景的学生在学习同一种语言而犯相同或相似的错误正是语内干扰的反映。

第三，文化干扰。即由文化因素的干扰引起语言错误和虽然语言形式没有错误，但由于文化习俗不同而引起的错误。

第四，交际策略。就是指在交际中由于词汇量不够或无法用英语说清楚，不知怎样表达，死记硬背，自身性格等因素导致不善交际而产生的错误。

第五，教学中教材、教师、教学方法诸方面引起的错误。以上提及的错误主要源于学习者本人，但是外部因素也是导致错误的因素之一。这里的外部因素主要指的是课堂、教材和教师。这种由于教学或教材不妥而产生的错误尚未引起足够的重视和系统的研究。

### （四）纠错的艺术

语言是一种复杂的现象，与之相适应的语言学习也是一项复杂的活动。影响语言学习成败的因素很多，其中学习者对自己能否成功地完成任务的信心是不容忽视的。因此，为了增强学生学习外语的信心，教师应在各种纠错方法中有所选择，讲究纠错的技巧。

1. 直接纠正

这是教师惯用的一种方法。在学生进行语言训练或语言实践时，教师打断学生的话，说出正确的形式，让学生跟着说。

2. 间接纠正

第一，含蓄纠正。对于上述学生的错误，教师不指出，而是若无其事地发问，教师暗示正确的动词形式，让学生再答一遍，从而含蓄地纠正学生的错误。

第二，自我纠正。错误的形式多种多样，有些口误学生能意识到而且又会很快地纠正过来，有些则完全起因于学习者对于语言知识或对教师指令的误解。无论学生犯哪一类型的错误，如果教师急于纠正，那么学生就失去一次真正理解的机会。学生自我纠正的过程包括两个阶段：第一步是在教师的启发引导下认识自己的错误，第二步是学生认识到错误后自己纠正。总之，自我纠正这个过程，对于学生来说变得更有趣，同时也会更困难。

第三，集体纠正。如果犯错误的学生不能自我纠正，那么教师在给出正确答案之前，可以让班上的其他同学帮助他，让全班同学都参加，效果会比教师自己解释更好。这个纠正过程很费时间，但必须强调指出，课堂活动的目的是学生学习语言，而不是单纯地由教师传授语言知识。集体纠正，比单一的教师纠正效果要好。

第四，书面作业的纠正。在书面作业中，如果有多处错误并且每个错误都由教师直接纠正，必然使学生感到气馁。最好的方法应是除特别需要教师给出正确的形式外，一般可以由老师在错误部分进行标注，让学生知道这些地方错了，并自己改正。

第五，有限度的纠正。学外语好比爬台阶。每一级台阶上都出现某些反映其特点的错误。但当学生登上更高一级台阶时，原有的错误往往自行消灭。据观察，克服错误比学习新的语言材料更困难。从经济观点来看，不如把有限的课时用来增加语言信息的输入量，让学生更快地跨越中介阶段。

犯错并不可怕，只要勇于承认和彻底纠正，收获会更大。而教师在这一过程中充当重要角色。作为教师，我们必须透彻分析错误，了解错误产生的原因，遵循纠错的基本原则，选择适当的纠错技巧，使得学生既了解自己的错误，又懂得如何防止再犯同样的错误。

## 四、英语"说课"

### (一) 英语"说课"的价值

所谓英语"说课"，就是以英语教育科学理论和英语教材为依据，针对每课或每单元的具体特点，由"说课"教师向其他英语教学或教研人员口头表达该课的具体教学设想及其理论依据。英语"说课"可以是一种以英语教师为对象，在备课与上课之间进行的教学研究活动，或是一种对英语教师进行英语教学培训的形式。

英语"说课"这一教学研究形式将英语教师对英语教材、教法和学法的理解活动由个体转化为群体，通过集体的研究和理解，提高个体在教学中的科学选择能力，从而使教师个体和群体的英语教学理论水平都能迅速地得以提高。"说课"后一般都要进行评价，参与评价的都是有教学经验的英语教师，这更有利于英语教师对教学过程的反思和调整。"说课"活动一旦在英语教学研究中推广，必将使英语教师的教学水平和教研水平上升到一个新的高度。

英语"说课"的内容主要有四个方面：一是说英语教材，说出本课或本单元的教学目标、重点、难点及英汉两种语言的差异。二是说英语教法，根据教学内容和学生的实际，说出适用于本课或本单元的教学方法。三是说英语学法，说出在本课或本单元中要指导学生哪些学习方法，培养学生哪些英语能力，如何调动学生学习英语的积极性和激发英语学习兴趣等。四是说英语教学程序，说出自己的英语教学思路及其理论依据，课堂结构及板书等。

## （二）英语"说课"的艺术

英语"说课"一般都事先写出"说课"稿。"说课"稿中不仅要写出教什么，更重要的是要写出怎样教及教法的理论依据。这是"说课"稿与教案的根本区别。英语"说课"能提高教师的英语教学能力、教研能力与理论水平，进而全面提高英语教师的素质。

1. 说教材

把握教材是传授知识和实施课堂教学的最基本依据，对教材的整体了解和局部把握是上好课的一个重要方面。把握教材要紧密联系英语教学大纲和英语课程标准，对教材所处地位、重点、难点，英汉两种语言的差异应有比较深入的了解。分析教材中所蕴含的文化知识及情感内涵是说教材的主要内容，也是对教材进行评价的主要依据。

2. 说教法

说出教学中采用的教学方法和教学手段，以及采用的理论根据。"说课"能反映教师的具体教学能力和教学理论水平，同时"说课"也激发了教师学习英语教学理论的积极性，加速了英语教师的教学实践活动由传统经验型向经验与理论相结合的科研型转化。

3. 说程序

"说课"中的程序并不需要像教案那样详细地说明教学的具体过程，而是要说出对教案中几个主要过程安排的理论根据和组织者对它的理解，从而使备课建立在严密而科学的理论之上。因此，它是对备课教案的科学化和理性化的升华，是优化教学过程的一种有效手段。

# 第七章　法语教学

## 第一节　法语学习主体

成年人在学习外语前一般具备一定的语言学习能力，基于这种考量，针对成年人开设的课程必须考虑成年人自身的学习习惯、先前的学习经历以及具备的学习能力。学习主体的各种能力与个人认知、情感和语言等方面的特性有密切关系。教师在设定特定的学习任务时应该对以上因素予以充分考虑。

### 一、学习主体类型

我国高校法语专业选修商务法语课的学生在个人自然条件和学习经历上体现出整体的同质性和一致性：普遍为成年人，有一定的法语学习经验。

商务法语学习主体的认知能力基本达到用简单的通用法语词汇进行交际和组织活动的能力，这为商务法语教学提供了扎实的语言基础。因此，在设计教学活动时，商务法语教师便可以选择着重培养和锻炼学习主体在专业或行业上的交际能力。

### 二、学习主体语言能力和认知能力

学习主体的语言能力，主要指学习主体完成交际任务所必需的语法、词汇、发音、拼写规则上表现出的认知能力和应用能力。

从语法上看，商务法语学习主体的法语语言能力在基础法语学习阶段表现为：本科一、二年级基本学完法语语法涉及的时态和语式，参加并基本通过法语专业四级考试。法语专业四级考试是在 2000 年由教育部批准的，为检查全国各主要通用语种专业教学点执行大纲的实际情况和教学水平而实施的专业等级考试。法语专业四级考试基础阶段涉及的词类包括：冠词、名词、形容词、代词、副词、介词、连词、叹词、动词以及词缀的构成等；语式包括：直陈式、条件式、虚拟式、命令式、分词式和不定式；句法上包括：简单句与复合句的使用以及常用的标点符号的使用。

从词汇上看，四级考试词汇量要求学生能够流利地表达法语和法国文化生活中常见的题材，如自我介绍、购物、看病、娱乐活动、家庭生活、生活方式、风俗习惯、教育制度、社会生活、环境保护等。在此基础上，商务法语学习主体需要学习的词汇不再是通用法语所涵盖的日常生活词汇，而是转向学习具有商科学科特征的专业词汇。

语调上，要掌握法语基本的读音规则，能使用国际音标为法语单词标音，能区分节奏组、重音、长音以及各类简单句的基本语调，能把握各类复合句、感情句的语调，并且具有一定的朗读技巧。

拼写上，能在25分钟内听写200个词左右的短文，短文内容可涵盖已学过的词汇和少量未学过的语法现象（共朗读四遍，第一遍与第四遍读全文，中间两遍以节奏组为单位停顿，语速中等），错误不超过10个词；能听懂或读懂的材料300~400词，在半小时内写出内容概要100词，能抓住短文大意，逻辑通顺；借助系列画面的提示或根据命题能在40分钟内写出150个词左右的短文，内容连贯，层次清楚，无重大语法错误，表达符合书面语的要求。

从以上分析可以看出，商务法语学习主体在语法、词汇、语音语调和拼写上具备了通用法语的一般应用能力。这意味着学习主体在学习商务法语之前便具备基本的法语语法能力，具备对通用法语涉及的日常题材进行听、说、读、写、译的能力。从语音角度看，学习主体对法语语音、语调已经比较熟悉，对日常生活涉及的各类题材的对话和交际有一定的认识，那么，在进入商务法语学习的初级阶段则主要转向学习商务情境下专业交际的语声材料，了解并熟悉不同类型的商务交际情境，包括语言因素和非语言因素。在此基础上，写作上应施以商务法语学生强化训练，让学生通过阅读和写作训练逐步熟悉商务写作的特点，以及一些常用的和特殊的表达习惯和书写规范。

## 三、学习主体学习态度和动机

学习主体的学习动机是直接推动学生进行学习的一种动力，是激励和指引学生进行学习的一种需要。学习主体的学习态度取决于其个人的认知能力和情感状态，而个人的态度则会直接决定学习主体在具体学习任务面前表现出的学习动机。商务法语学习主体的学习动机主要指由于外在因素和内在因素的推动而产生的完成学习任务的强烈需要。

学生对商务法语课程的认知与其就业和升学目标密切相关。就业或升学是影响学生选择学习商务法语的外在因素。良好的就业形势提高了法语专业学生对商务法语的社会需求预期，增强了学生的就业信心，因此以就业为目的的学生大都倾向选择该课程。

学习主体的情感状态是影响学习主体学习动机的内在因素。由任务激发而产生的兴趣会激发学习主体产生高度热情来完成交际任务，这是激发学习主体学习动机的内在因素。外在因素可能表现为对完不成任务就要丢面子的担心，或为了赢得赞许或比赛而产生的热情。而上述情感的构成特点主要体现为三个方面：方向性（吸引或排斥）、强度（指吸引或排斥的强弱程度）和维度（单维度或多维度）。

### （一）情感的方向性

从情感的方向性上看，若学生对商务法语课程感兴趣，情感的方向性则表现为正向吸引。中国高校商务法语学生一般选修商务法语课程的目的表现为两个方面：一是为修学分，二是为就业或升学。二者之间并不冲突，也就是说，对于学生而言，修学分是其选修任何一门课程都会得到的结果，但是选修哪门课程却与学生的未来直接挂钩。很显然，选修商务法语课程的目的是就业或升学。因此，中国高校商务法语课程的学习主体基本不存在对该课程的排斥情绪。

### （二）情感构成的强度

从情感构成的强度上分析，课程对学生的吸引程度却会因学习主体个体的差异而有强弱之分，学生因课程涉及的具体内容与其个人的兴趣爱好、学习经历的差异会从强烈吸引过渡到轻微排斥，甚至极度排斥。比如，有些女生对股票投资专题一无所知，从来没接触过也无兴趣对股票投资进行研究，那么在涉及这类专业内容的文本或题材时其表现的情感状态则是轻微排斥或极度排斥；相反，一个男生利用课余时间炒股，对此类话题则兴致勃勃，他对该课程情感状态的强度则是强烈吸引。

### （三）情感状态的维度

情感状态的维度会因人而异，有可能呈现单维的吸引、单维的排斥，或多维的吸引、多维的排斥。这些情感状态的表现形式受到学习主体的爱好、情绪、家庭以及朋友、社会环境诸多因素的影响，表现形式也会因人而异。

商务法语课程的顺利开展取决于教师在课程开始之前对学习主体学习动机和情感状态的了解和把握。因此，教师在分析学习主体需求时则要多注重分析学习主体的学习动机和情感状态，以便在教学过程中及时采用合适的教学策略，保证教学的顺利实施。

## 第二节　法语教师

当前，中法两国在政治、经济、文化等领域的交流日益频繁，社会对法语人才的需求不断增长。法语教学作为培养这一专业人才的重要途径，其质量和效果直接关系到学生的语言能力和跨文化交际能力。

### 一、法语教师的课堂教学策略

### （一）多媒体教学的应用

如今，多媒体教学已成为法语教学的重要手段。多媒体教学能够通过图像、声音、文字等多种媒介，使教学内容更加生动、直观，激发学生的学习兴趣。教师可以利用 PowerPoint、视频、音频等多媒体资源，制作精美的课件，将抽象的语言知识具体化、形象化。例如，在讲解法国文化时，可以播放法国电影片段或介绍法国风情的纪录片，让学生在视觉和听觉上感受法国文化的魅力。

## (二) 互动式教学

互动式教学是提高学生课堂参与度、促进师生交流的有效方式。在法语课堂上，教师可以通过提问、讨论、角色扮演等形式，引导学生积极参与课堂活动。例如，在讲解语法点时，可以设计一些情景对话，让学生在模拟的真实语境中运用所学语法知识。同时，教师还可以组织小组讨论或辩论，鼓励学生发表自己的观点，培养他们的批判性思维和口头表达能力。

## 二、法语教师的课外教学策略

### (一) 自主学习平台的利用

除了课堂教学外，课外学习也是法语教学不可或缺的一部分。教师可以向学生推荐一些优质的法语学习网站、软件等自主学习平台，如《世界报》法语版、法语电台、沪江法语等。这些平台提供了丰富的法语学习资源，包括听力材料、阅读材料、练习题等，能够满足学生不同层次的学习需求。同时，教师还可以利用这些平台布置课外作业，监督学生的学习进度，及时解答学生的疑问。

### (二) 文化实践活动的组织

文化实践活动是帮助学生深入了解法国文化、提高跨文化交际能力的重要途径。教师可以组织学生参加法语角、法国文化节、法语演讲比赛等活动，让学生在实践中运用法语，感受法国文化的魅力。此外，教师还可以鼓励学生参加法国留学项目或交换生项目，亲身体验法国的生活和学习环境，提高学生们的语言交流能力。

## 三、法语教师面临的挑战

### (一) 教学目标与内容的偏差

当前，部分高校法语教师在教学目标设置上存在偏差，过于注重语言知识的传授，而忽视了对学生综合语言素养的培养。这导致学生在听、说、读、写、译等方面的能力发展不均衡，难以适应社会的实际需求。此外，教学内容设置不均衡也是一个突出问题。大多数教师将教学重点放在语法基础知识的教学上，而对法国文化、中法文化差异、交际能力等内容的关注较少，这不利于学生跨文化交际能力的发展。

### (二) 教学方法的单一性

尽管一些创新教学方法逐渐运用到法语教学中，但大多数教师仍然采用传统的理论讲解法，教学方法单一、枯燥。这种填鸭式的教学方式扼杀了学生的学习兴趣和积极性，导致课堂气氛沉闷、教学效果不佳。因此，如何创新教学方法、提高课堂互动性成为法语教师需要面对的重要挑战。

### (三) 学生个体差异的忽视

每个学生都是独一无二的个体，他们在学习能力、兴趣爱好、文化背景等方面存在差异。然而，在实际教学中，部分教师往往忽视了学生的个体差异，采用"一刀切"的教学方式。这导致部分学生无法跟上教学进度，产生挫败感和厌学情绪。因此，如何关注学生个体差异、实施差异化教学成为法语教师需要关注的重要问题。

## 四、法语教师常用的教学方法

### (一) 引入新型教学模式

微课和慕课是近年来兴起的新型教学模式，具有灵活性强、资源丰富等特点。教师可以利用这些平台制作高质量的微课或慕课资源，供学生自主学习。这些资源可以涵盖法语学习的各个方面，如语法知识、词汇记忆、口语练习等。同时，教师还可以利用这些平台与学生进行在线互动，解答学生的疑问。

### (二) 实施翻转课堂教学模式

翻转课堂教学模式是一种将传统课堂内外时间重新调整的教学模式。在这种模式下，学生在课前通过观看视频、阅读资料等方式自主学习新知识，在课堂上则通过讨论、实践等方式巩固和应用所学知识。这种教学模式能够充分发挥学生的主体作用，提高课堂互动性。在法语教学中，教师可以尝试实施翻转课堂教学模式，让学生在课前自主学习语法知识等基础知识，在课堂上则通过模拟对话、角色扮演等方式进行口语练习和交际能力的培养。

### （三）创设真实语境进行教学

语言学习离不开真实的语境，教师可以通过创设真实语境的方式进行法语教学。例如，在讲解法国文化时，可以设计一些与法国文化相关的情境对话或任务；在讲解语法知识时，可以设计一些模拟的交际场景让学生运用所学语法知识进行表达。这种教学方式能够使学生在真实的语境中运用语言，提高他们的语言能力和交际能力。

### （四）加强跨文化交际能力的培养

跨文化交际能力是现代外语人才必备的能力之一。教师应该注重培养学生的跨文化交际能力。这要求教师在教学过程中不仅要传授语言知识，还要引导学生了解法国文化、历史、社会等方面的知识，培养学生的文化敏感性和跨文化意识。

1. 跨文化对比教学

通过对比中法两国在语言、文化、社会习俗等方面的异同，帮助学生建立跨文化意识。例如，在教授法语节日时，可以同时介绍中国的传统节日，让学生对比两者之间的庆祝方式、文化内涵等差异，从而更深入地理解法国文化。

2. 跨文化交流活动

组织跨文化交流活动，如国际文化节、法语角等，让学生与来自法国或其他法语国家的人士进行直接交流。这样的活动不仅可以提高学生的法语口语表达能力，还能让他们亲身体验不同文化的碰撞与融合，增进对法国文化的理解和尊重。

### (五) 实施差异化教学策略

针对学生个体差异，实施差异化教学策略。教师可以通过观察、测试等方式了解学生的学习特点、兴趣爱好和学习能力，然后为每个学生量身定制学习计划。例如，对于口语能力较弱的学生，可以加强口语练习和角色扮演等训练；对于阅读能力强的学生，可以提供更多的阅读材料和阅读任务。同时，教师还可以采用小组合作学习的方式，让学生在相互帮助中共同进步。

### (六) 强化自我反思与专业发展

法语教师应不断进行自我反思，审视自己的教学方法和教学效果，及时调整教学策略。同时，积极参与专业培训、学术交流和教学研究等活动，不断提升自己的专业素养和教学能力。通过不断学习和实践，法语教师可以更好地应对教学挑战，创新教学方法。

总而言之，法语教学是一项复杂而艰巨的任务，需要教师不断探索和创新。法语教师应关注教学策略的多样性和灵活性，充分利用现代信息技术手段丰富教学资源；同时关注学生个体差异和跨文化交际能力的培养；最后还要不断进行自我反思和专业发展。只有这样，才能培养出既具备扎实语言基础又具备跨文化交际能力的高素质法语人才。未来，随着全球化进程的深入发展，法语教学将面临更多新的机遇和挑战。我们期待更多的法语教师能够勇于创新、敢于实践，为法语教育事业的发展贡献自己的力量。

# 第三节　法语课程设计

课程设计是指拟定一门课程的组织形式和组织结构。课程设计从课程编制的决策上看可分为广义和狭义两个层次。广义的课程设计包括基本的价值选择，如确定教学目的、选择教学内容、组织教学进程等；狭义的课程设计，包括技术上的安排和课程要素的实施，如采用多媒体的教学方式和任务型 (如小组合作) 教学方法等。针对具体课程的设计所制定的规范性文件，是我们通常所说的课程教学大纲。法语课程教学大纲一般包括以下要素：教学目的、教学要求、教学内容、教学方式、教材选择、考核方式等。教学目的决定教学内容，法语的教学目的取决于学习主体自身的需求。

## 一、需求分析原则

教学所遵循的需求理论原则分为三个层次：心理情感需求、语言需求（社会交际需求）和社会文化需求。从具体的需求来看，法语学习主体的需求也包括上述三个层次。我国高校的法语专业开设的法语课程，其学习者一般是在校大学生，涵盖三、四年级本科生和部分法语硕士研究生。他们在学习背景和学习目的上具有某些共同点：外语学习的起点一致，母语均为汉语，以求职和升学为主要学习目的。

法语课程是在复合型法语人才培养目标下实现学习主体"复合能力"的重要内容。因此，法语课程的教学语言应以法语为主，兼顾法译汉、汉译法翻译能力的培养，以经贸知识为核心教学目标，使经济、管理方面的基础知识和技能教育成为培养学生"复合能力"的载体，为学习主体毕业后从事相关行业的工作做好知识和能力储备。

从学习目的上分析，法语学生学习的最终目的可以划分为两类：以就业为目的和以升学为目的。以就业为目的，法语的学习主要集中在本科三、四年级。

能力标准上，如果按照听、说、读、写、译五项能力的评估标准要求，本科阶段的法语学习主体能力可以参考法国工商会制定的B2级法语职业能力证书的评估标准，在翻译能力上补充添加"具有翻译商务文书和商务时事新闻的能力"。

学习内容上，由于部分学生学习法语以升学为目的，法语在教学内容上应分两步走：初级阶段最好首先介绍企业运行涉及的基本经济环境，提高阶段可以把商务交际情境教学与文化教学相结合，以便学生学完后更好地融入法资企业的文化交际语境中。

学习进程上，具体可以分三步走：

第一，在法语初级阶段学习经济与企业管理涉及的基本理论知识，以每周2小时为学习单位，根据学生的需求和消化理解程度，可设置1～2个学期，即36～72学时。

第二，在中级阶段培养学生用法语进行商务交际的能力，尤其注重培养学生阅读商业文书和进行商务谈判的能力，条件允许的情况下，为学生提供在企业实习或职场实践的机会，教学时数36学时。

第三，本科阶段结束时，为法语专业研究生开设经济与管理类理论课程，用法语授课，适当引入 FOS 教学法理论，为学生毕业后从事法语教学提供从专业知识理论到教学法理论的双重武装。在时间允许的情况下，这三个阶段完全可以集中到本科阶段完成，方便某些以升学为目的的学生在研究生阶段转向学习经济或商科的硕士课程。

概言之，中国高校法语专业学生对法语的需求亦是新时期培养"外语复合型人才"这一宏观指导思想的体现。为实现这一教学目标，法语的教学内容应包括两大部分：一是语言能力课，如掌握专业词汇、语法、句型结构和篇章分析等与语言要素相关的知识，并能正确、得体地使用这些知识。二是语言交际技能课，使学生具备基本的听说读写译能力和专业交际能力，包括对学生跨文化专业交际能力的培养，如掌握专业交际语境下语言的语用规则、话语规则和交际策略以及讲话者的文化习惯等，是将语言的功能性与交际文化相结合的技能课。

以上两方面的教学内容基于法语学习者需求而确定，概括了法语教学内容涉及的知识和技能两个层面。教学内容以语言知识为主，目的要培养学习主体扎实的语言基本功和对专业知识的认知能力；教学内容以语言技能为中心，是将学习主体已学过的语言知识和专业知识运用到交际实践中。因此，我国高校法语专业框架下的法语教学设计自然应遵循以专业语言能力培养为先、以专业技能的培养为后的顺序，这是符合学习主体需求分析的理性选择。

## 二、以语言能力为中心

以语言能力为中心设计法语课程，是指教学注重词汇和语法结构知识的讲解。将专业词汇和语域分析作为法语教学设计的原则，意味着法语首先是一门语言课，遵循着法语语言本身所具有的词汇和语法特点。法语和通用法语的不同之处主要体现为词汇和语法结构的特殊性。因此，在法语教学设计上要首先体现出差别性原则。

我国高校法语专业的学生在一、二年级基础法语阶段积累了大量词汇，基本学完了法语语言本身涉及的时态和语式等语法规则。学生在基础阶段学习后应掌握词汇3800个，学生可以利用这些词汇进行基本的日常对话，可以使用不同时态和语式来表达个人观点。但是，在涉及某些商务类常用词汇时，学生便无法理解其意义的迁移。意义迁移主要涉及同音异义词，即发音和拼写相同的法语单词在通用法语和法语中意义不同，后者更具有专业词汇内涵特征。

对法语和通用法语中比较常见的同音异义词的处理，不能仅从形态出发，还要从句法和语义角度为学生多举例子。那么就上述例子来说：首先要使学生明确企业、物品、服务三者的内涵，其次，从词汇涉及的外延看，深入了解这些词汇在经济生活中的关系。从语言涉及的单个词汇出发，设计法语专业词汇教学，目的在于将通用法语中常见的同音（或同形词）转换成法语中的异义词，实现词汇意义的迁移。从专业词汇角度来看，法语词汇教学的重点突出体现为专业术语的教学，这是法语词汇教学区别于通用法语词汇教学的主要方面，也是法语初级阶段词汇教学的重点。从法语课堂词汇教学可以采用的手段上看一般涉及以下形式：图例、影像、名称翻译、母语介入等。

语法方面，有鉴于法语的学习主体具有语言和交际的双重需求，在教学材料的选择上一般遵循交际教学法倡导的使用真实文本原则。因此，教学中尽量选取真实的商务文书作为教学素材，从中分析出商务语言中常用的语式和时态。在句法结构和篇章布局上注重提取典型句法结构特征，运用结构主义分析法，分析、归纳法语的篇章特点、修辞手法的运用等。

语法分析法有助于法语初学者在接触商务语言时与基础阶段学习的通用法语进行比较，从而提炼出商务语言的特点。因此，在法语教学的初级阶段，一般与通用法语相结合开展教学，便于学生利用基础法语阶段积累的语法学习记忆，按照格式塔学习理论的指导，实现学习主体知觉重组的概括，即法语教师引导学生观察特定情境中的关键性语言要素，了解这些要素是如何联系的，识别其中内在的结构。

换言之，我国高校法语专业的学生在选修法语时，对通用法语的语法和词汇保留了记忆，但对于法语中法语语言本身呈现的特点并不明确，他们通过观察和学习会慢慢将先前的学习记忆与当前的学习情境联系起来进行对比，从而提炼出法语特有的词汇和语法特征。

### 三、以语言交际技能为中心

语言交际技能，主要指语言的使用者在使用语言进行交际时表现出的交际能力。以语言交际能力为中心的课程设计注重培养学生对语言的感受能力，是信息输入的过程。但实际上，语言只有在交际活动中才能体现其生命力。鉴于学生在法语学习中都具有提高交际能力的需求，在他们具备了基本的语言能力后，课程进度则有必要过渡到以语言交际技能为中心。

如何提高学习主体的交际能力，这要从交际能力涉及的言语行为说起。言语行为以语言的使用为出发点，强调语言学习不仅要学习语言知识，还要学会根据不同的交际行为选择合适的词汇和语法结构以实现交际目的。学习主体的言语行为分为以下四部分：言语意图、命令行为、社会行为和语篇活动。学习者只有掌握了上述言语行为能力，才可以视为具备基本的交际能力。

在法语课程设计中引入语言交际技能概念，意味着教师在课堂上要设计一些让学生根据特定语篇（口语或书面语）进行模仿、演练、评述和分析的任务，培养学生根据真实的录音、录像对交际者的言语行为进行模仿和再现的能力，根据交际互动时的记录、提纲进行即兴发言的能力，与潜在的公众（教师或学生）进行对话的能力，通过真实的交际行动训练提高学生的语言表达能力。这些任务的设计，其目的是让学生熟悉法语的职业交流语境，能够利用之前积累的语言知识，正确得体地应对商务职场上的语言交流，培养他们用法语进行商务交际的能力。在培养学生的口头交际能力方面，任务类型可以采用教师设定主题，让学生进行汇报和评论。

经济数据大多以表格形式呈现，背后隐含着大量信息。经济数据的呈现方式往往体现为：语言表达简洁，但数据本身包含的信息需要利用经济学专业知识才能解释清楚。外语专业的学生往往未接受过专业经济学的学习，针对此类教学内容往往容易产生畏难情绪。为了解决这一问题，教师应训练学生从数据的变化中读懂信息，并能够用通俗易懂并比较专业的语言表达出来，这是提高学生专业语言交际能力的重要内容。关于开展数据表格分析任务的训练，教师主要应从两方面进行课程设计：一是教会学生分析数据，考查学生的语言技能；二是利用已学的语言知识对数据进行评述，考查学生的专业语言能力。数据分析任务体现出语言交际能力与语言知识能力并重的课程设计原则，在具体的任务中，两者的比重也会出现此消彼长的情况。

以语言交际技能为中心的课程设计还要重视培养学生的发言能力。会议是企业日常活动中常见的语言口头表达形式。培养学生的会议发言能力，可以先通过课堂上放真实的会议录像让他们了解会议发言的语言交际特点，再通过模拟训练让他们思考、行动，最后鼓励他们参加各类真实的商务会议，以便在实践中锻炼会议发言的能力。这些训练活动的目的在于培养学生具有良好的心理情绪控制能力，这种能力是他们进入职场开展谈判，并有效地利用职场经验对相关主题进行发言的基础。

教师在设计课程时，注重将不同形式的真实语篇呈现给学生，让学生熟悉不同语篇所包含的词汇语法特征、修辞手段以及语用特点，是构建学生法语知识体系，让他们对商务语言交际逐步从感性认识过渡到理性应用的飞跃。

从教学法理论上讲，好的课程设计一般都会呈现出基本的教学法理念，法语课程设计体现出的教学法理念是编写法语教材可以参考的样本。课程设计的实施过程体现的是教学方法和教学手段的综合运用。这些都可以为编写适应新时期市场需求的法语教材提供从理论到实践的参照，也可为法语课程体系的创建和完善提供重要的支持。

# 结 束 语

外语教学与语言应用研究是相辅相成的，它们共同推动了语言学习者外语能力的提升，促进了跨文化交流，推动了社会经济的发展。因此，我们应该重视外语教学与语言应用研究，不断探索和创新，以适应全球化时代的需求。总的来说，本书对外语教学与语言应用研究得出的结论主要有以下三个方面：

第一，在外语课堂中，文化是通过学生之间或者教师与学生的对话来创造和激活的。在对话中，参与者不仅重塑了已有的文化语境，而且具有创造一个新文化的潜力，因为对话是在外语环境中进行的。在外语课程中的参与者通过改变发话和交际的条件，以及课堂话语的接受和阐释的条件来创造自己的文化。教师和学生一方面在交际中使传统的课堂文化固化，另一方面，又要激发目标语的文化，做目标语文化规定的行为。因此，教师自己在外语课堂中成为建立新文化语境的工具。他们需要通过不断地了解和研究学生的企图和目的来确定不同语境，使这些不同的语境有意义。

第二，在全球化的今天，英语不仅仅是一门语言学科，还是一种重要的工具和桥梁，连接不同文化和经济体，但传统的英语教学模式过分强调语法和词汇的学习，而忽视了英语的实际应用，如听说读写能力的综合培养，以及通过英语进行跨文化交流和国际合作的能力。为此，创新教学模式，如项目式学习、情景模拟等，能更好地培养学生的综合应用能力，使学生在真实的语境中使用英语，提高其语言实践能力。创新高校英语教学模式的意义重大，不仅可促进学生综合素质的全面提升，还能提高教学质量和效率，促进高校教育国际化，为学生未来的职业发展和社会服务打下坚实基础。

第三，法语教师作为对学生法语教育的主体，应该及时去纠正学生在学习法语时认为只要学好语言就能在实际工作中有所应用的误解，让学生正确认知跨文化非语言交际能力的重要性。要从两个方面向学生灌输，首先跨文化非语言交流在实际的交际过程中，它与语言交流一样都有重要的地位和作用；其次，跨文化非语言交流还可以在语言交流发生障碍时起到挽救的作用，甚至会促进双方交际能力的加强，这是语言交际能力无法达到的。因此，作为教师，只有这样才能切实提高高校法语教学的质量，不但改变了学生对法语学习的认知，同时使得学生在未来的发展过程当中会更顺利地融入跨文化交流当中，为我国对外发展贡献力量。

　　以上就是本书对外语教学与语言应用研究得出的一些结论。由于笔者时间和学术水平有限，对于关键点的论述不够全面，对英语教学与写作能力培养的探究还存在诸多不足，这些都是笔者将在未来一段时间努力加以补充的内容。

# 参 考 文 献

[1] 陈品，赵文通．大学英语教学理论与实践2014[M].天津：南开大学出版社，2015：49.

[2] 陈晓红，陈刚，闫伟荣．英语教学新方法探究与案例分析[M].长春：吉林大学出版社，2014：50-56.

[3] 程惠珍．大学英语教学模式探析及应用实践研究[M].北京：中国原子能出版社，2016：62-63.

[4] 程瑾瑜．大学英语教学政策在体育院校的执行与反思[M].武汉：武汉大学出版社，2016：32.

[5] 程晓堂．英语教师课堂话语分析[M].上海：上海外语教育出版社，2010：18.

[6] 崔刚．中国环境下的英语教学研究[M].北京：清华大学出版社，2014：7-9.

[7] 林常青．基于核心素养下的深度英语阅读教学探析[J].学苑教育.2021(36)：94-96.

[8] 张建桥．培养学生核心素养亟待教学转型[J].中国教育学刊，2017(2)：34.

[9] 蒋永贵．指向核心素养的学习目标研制[J].课程·教材·教法，2017(9)：76.

[10] 李润洲．指向学科核心素养的教学变革[J].教育科学研究，2019(9)：33.

[11] 王阿菊．核心素养框架下基于OBE的大学英语教学模式探析[J].科学咨询，2020(42)：87.

[12] 张晶晶．基于社交媒体的大学英语教学模式构建及应用探究[J].新闻研究导刊，2023(13)：11.

[13] 项丽莉.专门用途英语教学中英语素养培养模式探讨 [J].英语广场，2023（4）：23.

[14] 于颖.基于信息技术在大学英语教学中开展美学教育的探索与思考 [J].海外英语，2021（4）：154-155.

[15] 张家军.论学校场域的本质、特点与功能 [J].重庆工商大学学报（社会科学版），2013（2）：77.

[16] 张艳玲,冯广艺.语言生态学的几个概念 [J].湖北社会科学，2010（9）：84.

[17] 王秀娟.基于多维视角下的英语语言学研究 [J].长江丛刊，2017（28）：13.

[18] 谭贤军.多维视角下的英语语言学研究探析 [J].佳木斯职业学院学报，2015（6）：54.

[19] 刘晟,刘恩山.学习进阶：关注学生认知发展和生活经验 [J].教育学报，2012（2）：19.

[20] 沈昌洪,吕敏.动态系统理论与二语习得 [J].外语研究，2008（3）：76.

[21] 黄小林,刘光源.高素质应用型人才培养目标下的大学英语教学探索 [J].教育教学论坛.2021（45）：22.

[22] 郭琳.基于应用型人才培养模式的大学生英语教学管理研究 [J].哈尔滨职业技术学院学报，2021（4）：124-126.

[23] 李玉霞,韩云霞.大学公共英语教学创新教学现状分析与对策 [J].中国建设教育，2019（6）：116-120.

[24] 夏亚娟.任务型教学策略在大学英语中的应用探究 [J].英语广场，2019（12）：122-123.

[25] 陈筱婧.基于 ESP 的高校英语教学模式探讨 [J].海外英语，2023（21）：54.

[26] 黄义强.高校英语教学中的文化教学研究 [J].现代英语，2022（1）：66.

[27] 丁冠郫.任务教学法在高校英语教学中的运用研究 [J].科教导刊，2023（4）：43.

[28] 陈佑清.在与活动的关联中理解素养问题：一种把握学生素养问题的方法论 [J].教育研究，2019（6）：10-13.

[29] 柳希.体验式教学理论在高校英语教学中的应用现状研究[J].现代英语，2021（20）：19.

[30] 崔允漷.如何开展指向学科核心素养的大单元设计[J].北京教育（普教版），2019（2）：11-15.

[31] 尹媛华.大学英语教学模式构建与实践探析[J].海外英语，2024（2）：18.

[32] 霍丹.基于多模态理论的大学英语教学模式探究[J].英语广场，2024（2）：66.

[33] 孙嘉.高校英语教学中多维互动教学模式实践研究[J].黑河学刊，2023（4）：43.

[34] 李梦磊.新文科视域下经贸类高校法语专业建设研究[J].教育理论与实践，2023（18）：76.

[35] 王天明.二语习得的学习策略运用与学习动机激励机制研究[J].中文信息，2024（10）：65.

[36] 刘黎虹.复杂动态系统理论视角下的二语习得研究[J].海外英语，2024（10）：19-21.

[37] 吴安冉，魏旭.基于OBE理念的大学法语听力教学研究[J].时代教育，2024（3）：7.

[38] 李防.传统文化在高校英语教学中的渗透探讨[J].产业与科技论坛，2024（2）：48.

[39] 张昀.多模态话语分析理论下大学日语词汇教学研究[J].高教学刊，2024（6）：27.

[40] 许小燕，许苏.指向跨文化交际的大学外语教学研究[J].教师博览，2024（9）：30.

[41] 王欣.外语专业研究性课堂教学模式探索[J].外国语文，2024（3）：32.

[42] 马东黎.高校外语教师深度教学能力提升路径研究[J].海外英语，2024（8）：92.

[43] 王雯鹤.认知语言学理论在外语教学中的应用研究[J].高教学刊，2024（18）：11.

[44] 陈国卫，文昊林，范菊琴.大语言模型在教学中的应用研究情况与

未来发展 [J]. 科学咨询，2024(6)：76.

[45] 马君锡，王小刚. 大语言模型在社交媒体文本生成领域的应用研究 [J]. 新媒体研究，2024(6)：54.